QUE S

La police technique et scientifique

CHRISTIAN JALBY
Contrôleur général honoraire
de la Police nationale

BIBLIOGRAPHIE THÉMATIQUE « QUE SAIS-JE ? »

Georges Picca, *La criminologie,* nº 2136
Jean Larguier, *La procédure pénale,* nº 1089
Alain Bauer, François Freynet, *Vidéosurveillance et vidéoprotection,* nº 3813
François-Bernard Huyghe, *ADN et enquêtes criminelles,* nº 3814
Jean Morange, *Les libertés publiques,* nº 1804

ISBN 978-2-13-056579-6

Dépôt légal — 1re édition : 2009, janvier

6, avenue Reille, 75014 Paris

INTRODUCTION

La police technique et scientifique n'a jamais suscité autant d'intérêt. Signe des temps, elle séduit les médias. Le héros actuel des séries policières n'est plus « Maigret » mais l'expert, maître ès sciences criminalistiques, qui résout les énigmes criminelles les plus ardues en recourant aux seuls services de la science.

Derrière les fictions du moment ou les clichés de circonstance, quelles réalités concrètes recouvre la police technique et scientifique ?

Si elle se rattache incontestablement à la mission de police judiciaire, son périmètre demande à être précisé car il diffère selon les pays. En France, son champ d'intervention, réduit d'abord à la seule criminalistique, s'est peu à peu étendu à la documentation criminelle.

Sous l'angle de la seule criminalistique, la police technique et scientifique a pour mission de découvrir, prélever, exploiter les traces et indices dans les enquêtes judiciaires, en utilisant toutes les ressources offertes par la technique ou la science, dans le but d'apporter la preuve du crime ou du délit et d'en identifier le ou les auteurs. Distinguer ensuite la police technique de la police scientifique est délicat tant leurs frontières sont imbriquées.

Le domaine d'action premier de la *police technique* est celui des constatations sur la scène d'infraction et de la recherche de l'indice. Il se prolonge par son exploitation dans la mesure où elle ne nécessite pas l'utilisation de matériels scientifiques lourds (exploitation des empreintes digitales, balistique, examen d'écritures manuscrites...).

La *police scientifique* procède à l'exploitation des indices en réalisant des examens et des analyses dans des structures dédiées, dotées d'équipements sophistiqués et où servent des personnels ayant reçu une formation scientifique de haut niveau, notamment en biologie, physique, chimie.

La *documentation criminelle* recouvre l'ensemble des informations contenues dans les procédures judiciaires que les services de police et de gendarmerie exploitent dans un but de recherche criminelle ou de statistique. Traditionnellement, le terme englobe aussi le fichier des personnes recherchées et le fichier des véhicules volés.

Une fois cerné le sujet, les questions de fond qui constituent la trame du présent ouvrage peuvent être abordées.

La première a trait au rôle de la police technique et scientifique dans le dispositif de sécurité intérieure et, notamment, dans son domaine d'excellence, l'administration de la preuve judiciaire. Est-il aussi considérable qu'on le prétend et l'enquêteur traditionnel a-t-il toujours sa place ? Dans le même champ de réflexion, il faudra constater que la police technique et scientifique, longtemps réservée au traitement des affaires criminelles les plus graves ou les plus médiatiques, étend maintenant son intervention aux infractions qui touchent le plus la population – cambriolages, vols de véhicules, vols à la roulotte.

Même s'ils ne constituent pas le cœur du propos, l'organisation et le fonctionnement de cette police méritent qu'on s'y arrête pour clarifier les rôles des uns et des autres dans une matière qui peut paraître opaque tant elle est riche et composite.

La question des personnels qui peuplent la spécialité et l'animent est primordiale, tant il est vrai que les hommes constituent le principal facteur dynamique des services. On verra que la police technique et scientifique mêle des personnels d'origine diverse.

Les règles juridiques qui régissent la spécialité doivent être abordées avec d'autant plus d'attention qu'elles concernent, entre autres domaines, l'utilisation de fichiers qui ont, de tout temps, suscité des interrogations.

Il conviendra ensuite de s'attarder sur la pratique au quotidien de la police technique et scientifique en suivant pour cela le fil conducteur de la chaîne criminalistique. Premier maillon, la scène d'infraction qui devra livrer le moindre indice. Deuxième maillon, l'exploitation des éléments de preuve découverts sur les lieux du crime ou du délit ou chez le suspect. Que peut-on en attendre, tant dans le domaine de l'identification des malfaiteurs que dans celui de l'orientation des recherches ?

Devant la mondialisation de la criminalité et des échanges de toute nature, l'état de la coopération internationale doit être dressé afin d'examiner si la police technique et scientifique est concernée par ces grandes mutations et, si oui, comment elle a su répondre aux défis qu'elles engendrent.

Enfin, il faudra se demander quelles sont les perspectives à court et à moyen terme pour la police technique et scientifique.

Chapitre I

LES GRANDES ÉTAPES HISTORIQUES

La police technique et scientifique est née dans la seconde moitié du XIXe siècle. Elle va se développer rapidement, avant de sombrer dans un marasme profond dont elle sortira il y a seulement une vingtaine d'années. Dès lors, elle ne va cesser de s'affirmer et de s'imposer.

I. – Bertillon et la naissance de la police technique

C'est la réponse à un grave problème de société qui allait entraîner la naissance de la police technique : l'identification des délinquants ou criminels récidivistes.

Alors que les moyens employés en ce XIXe siècle pour démasquer de tels individus étaient inopérants, Alphonse Bertillon est recruté à la préfecture de police comme commis aux écritures le 15 mars 1879. Issu d'une famille de scientifiques renommés, il se met en tête de trouver un moyen sûr d'identifier les récidivistes. Sa méthode est fondée sur le relevé de onze mesures osseuses, taille, hauteur du buste, envergure des bras, longueur et largeur de la tête...

Non sans mal, puisque suspecté à un moment d'aliénation mentale et menacé de renvoi, il obtient du préfet de police l'autorisation d'expérimenter sa méthode. Le 16 février 1883, il réalise sa première identification. À la fin de l'année, il en aura totalisé 49. Ce chiffre passera à 241 en 1884 et ne cessera d'augmenter les années suivantes.

La méthode de Bertillon connaît un succès éclatant et se diffuse rapidement en France mais aussi dans les pays étrangers : États-Unis, Belgique, Allemagne, l'Angleterre, Russie, Suisse...

Par la suite, il la complète par le signalement descriptif, le relevé des marques particulières (grains de beauté, cicatrices, tatouages) et la photographie signalétique. À son corps défendant, il y ajoutera les empreintes digitales.

Le 11 août 1893, un décret présidentiel crée le *Service de l'identité judiciaire* qui regroupe trois entités, l'anthropométrie, la photographie et les sommiers judiciaires. Bertillon en devient le chef.

Il ajoute un volet nouveau à ses activités, le traitement technique de la scène de crime par la mémorisation photographique de l'état des lieux et la recherche des indices puis leur exploitation.

À la même époque, un autre pionnier, l'Autrichien Hans Gross, ancien juge d'instruction devenu criminaliste, préconise de recourir aux disciplines scientifiques dans les enquêtes judiciaires.

II. – L'identification par les empreintes digitales

Le signalement anthropométrique avait contribué à résoudre la difficile question de l'identification humaine. Arrivé au faîte de sa renommée, il va être rapidement supplanté par une méthode nouvelle, la dactyloscopie ou identification par les empreintes digitales.

En 1880, William Herschel, administrateur britannique au Bengale, et Henry Faulds, médecin anglais à Tokyo, posent les fondements de l'utilisation des empreintes digitales à des fins d'identification humaine en s'appuyant sur leurs expériences respectives.

En Europe, il appartient à Sir Francis Galton de mettre au point, en 1892, un premier système de classement qui sera amélioré par Sir Edward Henry. Dans le même temps, en Argentine, un fonctionnaire de police, Juan Vucetich, imagine un système de classement prenant en compte les empreintes des dix doigts. Il obtient rapidement des résultats.

Au tout début du XXe siècle, la majorité des pays occidentaux adoptent la dactyloscopie qui permet d'identifier non seulement les récidivistes, mais encore les auteurs de crimes ou de délits qui laissent sur les objets touchés leurs empreintes.

Paradoxalement, c'est Bertillon – pourtant rétif à cette méthode – qui va donner à l'identification par empreintes digitales ses lettres de noblesse en réalisant une première : le 17 octobre 1902, le cadavre d'un domestique est découvert 157, rue du faubourg Saint-Honoré à Paris. La victime a été étranglée. Sur une vitrine fracturée, Bertillon relève quatre empreintes digitales qu'il va attribuer à un voleur signalisé en 1894, Henri-Léon Scheffer. Celui-ci reconnaît les faits. Il sera condamné aux travaux forcés à perpétuité. Les journaux vantent les mérites des « seuls dénonciateurs qui ne trompent ni ne mentent jamais ».

III. – Edmond Locard, fondateur de la criminalistique française

Edmond Locard (1877-1966) obtient une licence en droit avant de soutenir une thèse de médecine. Élève du célèbre Alexandre Lacassagne, titulaire de la chaire de médecine légale de l'Université de Lyon, il manifeste très tôt un goût prononcé pour la police scientifique.

Après des séjours à Paris, il propose la création d'un *service anthropométrique* utilisant concurremment le bertillonnage et la méthode dactyloscopique.

Le 24 janvier 1910, ce service est inauguré dans les combles du palais de justice de Lyon. Il deviendra le premier laboratoire de police français. Locard en sera le directeur jusqu'en 1951.

À cette époque, le Suisse Rodolphe Reiss publie son *Manuel de police scientifique* qui fera date dans l'histoire de la criminalistique.

Sitôt installé, Locard met en place un fichier d'empreintes digitales et imagine le premier classement dactyloscopique français.

La même année, la cour d'assises du Rhône prononce, pour la première fois en France, la condamnation de deux cambrioleurs sur l'unique preuve dactyloscopique administrée par Locard.

En 1918, il formule un postulat célèbre, passé à la postérité sous le nom de « principe d'échange Locard ». La formule originelle était la suivante : « Nul individu ne peut séjourner en un point sans y laisser la marque de son passage, surtout lorsqu'il a dû agir avec l'intensité que suppose l'action criminelle. » Même si elle n'était pas expressément énoncée, la réciproque était aussi vraie : le malfaiteur ne manque pas d'emporter sur lui des indices provenant des lieux qu'il vient de quitter.

Cette règle constitue le fondement de la preuve indiciale et de la criminalistique. Elle est toujours d'actualité.

Progressivement, les activités du laboratoire de Lyon vont se développer et s'étendre à la balistique, aux analyses chimiques toxicologiques et biologiques, ainsi qu'aux expertises en écritures.

Dans le même temps, Locard s'attache à vulgariser la criminalistique en publiant de nombreux ouvrages, en tenant des conférences et en donnant des cours.

Le laboratoire de Lyon et Locard bénéficient d'une notoriété internationale.

IV. – La structuration

La montée en puissance de la police technique et scientifique nécessite la création de structures et la clarification des missions. Ce sera l'objet de la loi du 27 novembre 1943 qui stipule qu' « un *service de police technique* relevant de la Direction générale de la police nationale est chargé de rechercher et d'utiliser les méthodes scientifiques propres à l'identification des délinquants ». Ce service comporte :

- un organisme central, le service central photographique et d'identité à Paris ;
- des organismes régionaux et locaux d'identité judiciaire ;
- des organismes interrégionaux, les laboratoires de police scientifique implantés à Lyon, Marseille, Toulouse et Lille.

Le service central effectue tous les travaux techniques nécessaires aux services centraux de la police nationale.

Les services d'identité judiciaire recherchent et relèvent les traces et indices dans les lieux où a été commis un acte délictueux, ils établissent et classent les fiches signalétiques.

Les laboratoires de police scientifique sont chargés de procéder à tous les examens, recherches et analyses d'ordre physique, chimique et biologique.

V. – Le déclin

Paradoxalement, cette organisation de la police technique qui aurait dû être le point de départ d'une nouvelle dynamique coïncide avec le début d'une longue période de stagnation, synonyme de régression.

Faute de moyens financiers, les équipements nécessaires ne peuvent être acquis, les personnels spécialisés ne sont pas recrutés ou formés et les résultats deviennent insignifiants.

En 1984, un policier, l'inspecteur général Jacques Genthial, rend un rapport sur le sujet, à la demande du ministre de l'Intérieur de l'époque, Pierre Joxe. Le constat est accablant. Devant les parlementaires, le ministre parle de l'état d'abandon des laboratoires et de services d'identité judiciaire à peine mieux lotis. Le diagnostic est sans appel dans tous les domaines – équipements, effectifs, crédits de formation, recherche... À cette époque, les laboratoires français comptent 40 scientifiques et 40 policiers spécialisés, contre 1 000 au Royaume-Uni et autant en Allemagne. Il est temps d'agir.

VI. – La renaissance

La première mesure est la création, par arrêté du 8 mars 1985, d'une *sous-direction de la police technique et scientifique au sein de la Direction centrale de la po-*

lice judiciaire. Cette nouvelle structure va regrouper sous son autorité les laboratoires de police scientifique de Lyon, Marseille, Toulouse, Lille, les services d'identité judiciaire, ceux de la documentation et des recherches criminelles.

Une circulaire ministérielle du 11 juillet 1985 précise la portée de l'arrêté. Elle indique clairement que cette sous-direction « est chargée d'animer et de coordonner l'ensemble des services centraux, régionaux ou locaux assurant le soutien technique et scientifique des enquêtes judiciaires. Cette mission s'exerce à l'égard de tous les services concourant à l'exercice des fonctions de police judiciaire, à titre principal ou accessoire (police judiciaire, polices urbaines, police de l'air et des frontières, DST, Renseignements généraux) ». Ce texte est important. Il fonde l'unité de la police technique et scientifique en instaurant une autorité directe ou fonctionnelle de la sous-direction de la police technique et scientifique sur l'ensemble des services d'aide à l'enquête.

Ce premier volet structurel est complété par un second, financier. Le vote de la loi du 7 août 1985 relative à la modernisation de la police nationale permet d'attribuer à la police technique et scientifique, au travers d'un plan quinquennal, des moyens budgétaires très importants afin d'assurer sa totale reconstruction.

Une remise à niveau complète des laboratoires est entreprise. Les actions portent sur l'immobilier, les équipements, les moyens de fonctionnement, les effectifs, la formation des personnels scientifiques. Le *fichier national automatisé des empreintes digitales* est créé dans la foulée.

L'énorme chantier du *système de traitement des infractions constatées* (STIC) est lancé.

VII. – L'avènement de l'empreinte génétique

En 1985, le Britannique Alec Jeffreys met au point une technique d'analyse de l'ADN permettant de caractériser chaque être humain. Désormais, il est possible d'établir un profil génétique à partir d'une quelconque trace biologique relevée sur une scène d'infraction et de l'attribuer formellement à un individu. Une nouvelle révolution est en marche à l'instar de celle initiée par la découverte des empreintes digitales. En France, ce nouveau moyen de preuve commence à être utilisé au début des années 1990.

VIII. – La généralisation

Les recherches techniques sur les lieux d'infraction ne concernant que les crimes et les délits les plus graves, une circulaire du 13 octobre 1995 du ministre de l'Intérieur institue la « police technique de proximité » dont l'ambition affichée est d'étendre les investigations d'identité judiciaire à toutes les manifestations de la délinquance.

La gendarmerie nationale s'ouvre plus tardivement aux ressources de la police technique. Elle privilégie d'abord la maîtrise de l'outil photographique puis développe, à partir de 1957, une formation au relevé et à l'exploitation des empreintes digitales et de certaines traces. Les compagnies de gendarmerie départementales reçoivent en dotation la « mallette de police judiciaire » et le « lot photographique ».

L'exploitation du renseignement judiciaire est confiée, en 1963, à une cellule spécialisée créée dans la brigade du fichier de chaque département. Deux ans plus tard, les microfiches du système « PROSAM » marquent les véritables débuts d'un rapprochement judiciaire organisé qui va définitivement se structurer en 1975 avec la création du « Service technique de recherches judiciaires et de documentation » (STRJD) dont le rôle est d'assurer sur le plan national la gestion et l'exploitation des informations criminelles. L'informatisation intervient au milieu des années 1980 avec le système « JUDEX » (voir p. 103).

Le 24 octobre 1990, la gendarmerie ouvre à Rosny-sous-Bois (Seine-Saint-Denis) un laboratoire de criminalistique, l'*Institut de recherche criminelle de la gendarmerie nationale* (IRCGN).

À la même période, les constatations techniques sur les lieux de crime ou de délit font l'objet d'une professionnalisation accrue. Pendant des « techniciens de scène de crime » de la police nationale, les « techniciens en identification criminelle » (les TIC) de la gendarmerie font leur apparition. Ce sont des spécialistes de l'intervention sur le terrain et des conseillers pour les enquêteurs. Comme la police, et pour des raisons identiques, la gendarmerie s'oriente vers la mise en place d'une police technique de proximité, à l'échelon de chaque brigade.

Afin d'assurer une coordination devenue nécessaire entre les deux institutions, un *Conseil supérieur de la police technique et scientifique* est créé par décret du 25 mars 1992.

La même année, la Cour des comptes demande que soit trouvée une solution définitive au problème des expertises réalisées dans les laboratoires et de leur facturation aux magistrats qui les prescrivent. Après hésitations entre plusieurs formules juridiques (fonds de concours, groupement d'intérêt public...), la loi du 15 novembre 2001 décide que les laboratoires de police, le laboratoire de toxicologie de la préfecture de police et le service central des laboratoires de la sous-direction de la police technique et scientifique seront regroupés dans un établissement public administratif dénommé « Institut national de police scientifique ».

Le décret d'application intervient le 9 novembre 2004. Désormais les laboratoires de police scientifique sont autonomes.

Chapitre II

QUEL RÔLE DANS L'ADMINISTRATION DE LA PREUVE ?

Il s'apprécie à la lumière des réponses apportées à quelques grandes interrogations.

La police technique et scientifique a introduit la preuve objective ou indiciale dans le procès pénal à un moment où aveux et témoignages régnaient sans partage dans les prétoires. S'agit-il d'une preuve supplémentaire ou est-elle appelée à remplacer définitivement toutes les autres, jugées dépassées ?

Quel est le champ d'application de la police technique et scientifique ? Se cantonne-t-il au traitement des affaires les plus graves ou les plus médiatiques en raison de son coût très élevé, ou s'étend-il à la lutte contre toutes les formes de criminalité et de délinquance ?

L'enquêteur classique a-t-il toujours son utilité ?

I. – De la preuve subjective à la preuve objective

La procédure pénale française repose sur deux principes fondamentaux : celui de la *liberté de la preuve* et celui de *l'intime conviction du juge*.

En matière correctionnelle, l'article 427 du Code de procédure pénale énonce : « Hors les cas où la loi en dispose autrement, les infractions peuvent être établies par tout mode de preuve et le juge décide d'après son intime conviction. » Le même principe prévaut devant la cour d'assises comme l'explicite l'article 353 du CPP.

Il résulte de ces dispositions que toute preuve dont le recueil satisfait au principe de légalité et de loyauté peut être produite devant la justice pénale. On peut ranger les preuves en quatre catégories : la constatation directe, le témoignage, l'aveu, l'indice.

La constatation directe est celle effectuée par l'officier ou l'agent de police judiciaire qui rapporte ce qu'il a personnellement vu ou entendu. Ce peut être le constat sur une scène de crime, l'observation d'une infraction (cas des contraventions, du flagrant délit), ou la narration d'une filature.

Le témoignage émane d'une personne qui a assisté à la commission d'une infraction ou qui rapporte un fait susceptible d'intéresser les investigations.

L'aveu est la reconnaissance par quelqu'un de sa participation à un crime ou d'un délit.

L'indice est un élément matériel, découvert sur la scène de crime ou lors des perquisitions chez le suspect, qui se rapporte à la commission de l'infraction ou à son auteur.

Pendant longtemps, l'établissement de la preuve pénale a reposé sur le témoignage et l'aveu. Sans être totalement négligés, les indices étaient d'une moindre utilité : l'état des sciences et des technologies ainsi que les équipements médiocres des services et l'absence de personnels qualifiés ne permettaient pas leur exploitation.

Progressivement, la preuve technique ou scientifique, c'est-à-dire celle tirée de l'analyse de l'indice, s'est imposée. Plusieurs raisons expliquent cette montée en puissance irrésistible.

L'évolution des mentalités. L'aveu devient suspect, entaché du soupçon d'avoir été extorqué. Le témoignage est jugé faillible et influençable.

Les progrès de la science et l'apparition de nouvelles technologies. Certains trouvent des applications en criminalistique permettant de prendre en compte de nouveaux indices et de « faire parler » ceux qui étaient inexploitables jusque-là.

Le caractère « moderne » de la preuve scientifique. Elle est présentée comme incontestable et pouvant aussi bien incriminer qu'innocenter. On rappelle que dans des affaires de viol l'analyse génétique a conduit à mettre hors de cause des suspects.

La volonté politique de promouvoir ce type de preuve. Elle est indispensable car elle seule permet de dégager les moyens financiers indispensables.

Aujourd'hui la scène de crime a changé de visage. Aux traditionnels intervenants s'ajoutent des techniciens aux tenues de protection immaculées et dotés d'équipements dernier cri.

La police technique et scientifique a incontestablement donné une dimension nouvelle aux constatations policières sur les lieux de l'infraction. Elles sont devenues plus méthodiques, plus rigoureuses et, surtout, plus exhaustives. Le champ de la preuve s'est trouvé élargi et s'étend à l'indice en apparence le plus insignifiant.

Est-ce dire pour autant que la preuve scientifique a relégué toutes les autres aux oubliettes de l'histoire judiciaire ? De multiples exemples tirés de l'observation impartiale du déroulement des enquêtes rappellent que toutes les preuves ont, aujourd'hui encore, leur utilité. D'abord, parce que la science n'a pas toujours rendez-vous avec la vérité judiciaire, dans la mesure où elle est privée d'indices à exploiter. Ensuite, parce que la preuve scientifique, à l'exemple de toutes les autres, se suffit rarement à elle seule. Même celles réputées pour leur valeur probante maximale demandent à être corroborées, ne serait-ce que pour éviter les contestations et polémiques inutiles. Enfin parce que chacune d'entre elles apporte son éclairage particulier.

II. – Des grandes affaires criminelles à la lutte contre la petite et moyenne délinquance

Le recours aux moyens de la police technique et scientifique a longtemps été réservé aux affaires criminelles les plus graves : crimes de sang, attentats, vols à main armée, cambriolages importants. Progressivement, avec l'explosion de la criminalité, la lutte contre l'insécurité devient un enjeu politique. Les pouvoirs publics prennent alors conscience du fort potentiel d'aide à l'enquête offert par la police technique et scientifique et décident d'en mobiliser toutes les ressources.

Par une instruction du 13 octobre 1995, le ministre de l'Intérieur de l'époque, Michel Debré, crée la « police technique de proximité » dont l'objectif est d'associer étroitement l'identité judiciaire à la lutte contre la petite et moyenne délinquance en systématisant le relevé des traces et indices sur les lieux d'infraction et en généralisant la signalisation. À cette époque, seulement 25 % des cambriolages et 6 % des véhicules volés font l'objet de constatations. Ces chiffres attestent l'élitisme dans lequel la police technique et scientifique était enfermée.

La gendarmerie nationale suit une évolution identique. Elle favorise la pratique d'actes techniques simples à l'échelon de chaque brigade en les dotant, dès 1996, de mallettes d'intervention contenant le matériel nécessaire au relevé des traces et indices, notamment les empreintes digitales, sur le lieu de « petits » délits.

Le tournant décisif se produit avec la loi du 15 mars 2003 qui redimensionne le champ d'application du *fichier national automatisé des empreintes génétiques* (FNAEG). Confiné, jusqu'alors, à la répression des seuls crimes les plus graves et ne conservant en mémoire que les individus condamnés, son périmètre s'étend désormais à quasiment tous les délits et inclut les personnes mises en cause.

Dans la mesure où la probabilité de trouver du matériel biologique sur les lieux d'une infraction est relativement élevée, le FNAEG devient vite un instrument très efficace de lutte contre la délinquance sous toutes ses formes. Les centaines de rapprochements qu'il effectue maintenant chaque mois concernent majoritairement ce type de faits, épousant un taux de couverture technique des infractions qui s'améliore au fil des années. En 2007, pour la zone police nationale, il était de près de 80 % pour les cambriolages, et de 56 % pour les vols à la roulotte.

III. – Quelle place pour l'enquêteur ?

Les résultats considérables que la technique et la science permettent d'obtenir relèguent souvent le rôle de l'enquêteur au second plan. A-t-il encore une utilité dans les investigations et, si oui, laquelle ?

La réponse à cette question est sans ambiguïté. Loin de le confiner dans un rôle marginal, la police technique et scientifique, en redessinant son rôle, lui a conféré une place fondamentale à un double titre.

1. **Sur la scène d'infraction.** – Le Code de procédure pénale désigne l'officier de police judiciaire comme le maître du jeu sur la scène de crime. C'est à lui qu'incombe la responsabilité de veiller au bon déroulement de cette phase décisive des investigations dont dépend, pour une large part, le succès ou l'échec final de l'enquête. Les spécialistes de l'identité judiciaire n'interviennent, juridiquement, qu'à sa demande et sous son autorité.

2. **Dans la conduite des investigations.** – L'administration de la preuve scientifique repose sur le *principe de comparaison* qui consiste à établir une concordance entre l'élément de preuve découvert sur la scène d'infraction et celui recueilli au cours des investigations.

Dans ce but, l'enquêteur a recours, s'il y a lieu, à la consultation des fichiers d'identification mais il ne doit jamais s'arrêter à cette seule diligence.

Dans l'hypothèse la plus favorable, celle où l'empreinte génétique ou digitale découverte sur la scène d'infraction est identifiée, l'énigme criminelle n'est pas pour autant définitivement résolue. Un tel élément de preuve atteste seulement la présence, à un moment donné, de l'individu en question sur les lieux où a été commis le crime ou le délit, ou de son contact avec l'objet support de l'empreinte. Il n'établit pas, automatiquement et catégoriquement, sa participation à l'infraction. Dans certains cas extrêmes, la « preuve » a pu être amenée dans le dessein d'égarer les recherches. L'exemple classique est celui du mégot de cigarette, porteur d'ADN, jeté par une tierce personne et récupéré par l'auteur avant d'être abandonné sur les lieux du crime. L'enquête classique avec son cortège de vérifications s'impose toujours.

Si l'interrogation du fichier est négative, ce qui constitue la majorité des cas puisque les individus qui y sont enregistrés ne représentent qu'une infime partie de la population, le travail d'identification reste entier. Incontestablement le succès dépendra de la qualité des recherches qui seront menées pour découvrir, chez des suspects, les indispensables éléments de comparaison.

Ce constat est également vrai en présence d'indices qui ne peuvent faire l'objet, *a priori,* d'aucun rapprochement par l'entremise d'une base de données. Dans ce cas, le rôle de l'enquêteur est plus décisif encore.

Chapitre III

L'ORGANISATION ET LES PERSONNELS

Les activités de la police technique et scientifique s'inscrivent dans la mission générale de police judiciaire dont le rôle, suivant l'article 14 du Code de procédure pénale, est de « constater les infractions à la loi pénale, d'en rassembler les preuves et d'en rechercher les auteurs ».

En France, cette mission incombe essentiellement à la police nationale et à la gendarmerie nationale. La première relève du ministère de l'Intérieur, la seconde du ministère de la Défense et du ministère de l'Intérieur pour ce qui concerne l'exercice de ses missions de sécurité intérieure. Même si elles utilisent des techniques de base identiques, recourent à des outils similaires, chacune de ces institutions a développé des structures qui lui sont propres.

Un Conseil supérieur de la police technique et scientifique a été mis en place pour veiller à la cohérence des projets menés par les deux forces.

I. – La police nationale

1. **Les structures.** – La mise en œuvre des moyens de police technique et scientifique a d'abord incombé, pour l'essentiel, à la sous-direction de la police technique et scientifique de la Direction centrale de la police judiciaire. En 1995, la Direction centrale de la sécu-

rité publique a étoffé le dispositif en déployant la police technique de proximité. Enfin, le 9 novembre 2004, l'Institut national de la police scientifique a vu le jour.

A) *La sous-direction de la police technique et scientifique.* – Au sein de la Direction générale de la police nationale, elle est un gestionnaire majeur des moyens d'aide à l'enquête nécessaires aux services qui mènent des investigations judiciaires. Magistrats et gendarmes peuvent aussi lui demander d'effectuer tous travaux relevant de sa compétence.

Dirigée par un contrôleur général, elle comporte des services centraux et des services extérieurs implantés dans les plus grandes villes de province.

a) Les services centraux. Ils sont installés dans la banlieue lyonnaise à Écully (Rhône).

– *Le Service central d'identité judiciaire (SCIJ).* Il organise et contrôle l'activité de l'ensemble des services d'identité judiciaire du territoire national sur lesquels il exerce une autorité fonctionnelle. Il détermine et planifie la formation de leurs personnels et programme leur équipement en matériels spécifiques. Il définit les protocoles de travail applicables à la spécialité.

Sur le plan opérationnel, il réalise les travaux techniques qui lui sont confiés (balistique, traces digitales, faux documents...) et met en œuvre les techniques d'odorologie. Grâce à son *unité d'intervention,* il peut renforcer les services territoriaux lors d'affaires d'une particulière gravité. Il dispose également d'une *unité d'identification des victimes de catastrophe.*

Il gère et exploite le fichier automatisé des empreintes digitales et le fichier national automatisé des empreintes génétiques.

– *Le Service central de documentation criminelle (SCDC)*. – Il conçoit, met en œuvre, administre les grands fichiers de documentation criminelle et de recherches que sont le système de traitement des infractions constatées (STIC), le fichier des personnes recherchées (FPR) et le fichier des véhicules volés (FVV). Il effectue des diffusions de recherche à la demande des autorités judiciaires ou administratives. Il assure également la gestion et la consultation des dossiers criminels anciens, constituant le fichier central.

– *Le Service central de l'informatique et des traces technologiques (SCITT)*. Il assure, à la demande, le développement et le suivi d'applications informatiques d'aide à l'enquête comme RAPACE (répertoire automatisé pour l'analyse des contrefaçons de l'euro). Son *laboratoire d'analyse et de traitement de signal (LATS)* effectue des travaux techniques dans les domaines du son, de l'image, de la téléphonie mobile, de l'électronique, de l'informatique.

– *La Division des études, des liaisons et de la formation (DELF)*. Elle conçoit et met en œuvre les actions de formation en identité judiciaire au bénéfice de l'ensemble des personnels affectés dans ces services. En 2007, près de 450 stagiaires en ont bénéficié. Elle est chargée de la rédaction et du suivi des textes juridiques, de portée nationale ou internationale, intéressant la police technique et scientifique, notamment ceux relatifs à la création ou l'évolution des grands fichiers d'identification. C'est elle qui instruit les dossiers de demandes de droits d'accès directs et indirects à toutes les bases de données gérées par la sous-direction. À ce titre, elle est l'interlocuteur privilégié de la Commission nationale de l'informatique et des libertés (CNIL). Enfin, elle a la responsabilité du secrétariat du Conseil supérieur de la police technique et scientifique.

b) Les services territoriaux. Ce sont les 19 divisions de police technique des Directions interrégionales et régionales de police judiciaire et des services régionaux de police judiciaire dont les sièges sont implantés dans les grandes agglomérations. Ces divisions regroupent essentiellement trois services :

– *Le Service régional d'identité judiciaire (SRIJ).* Ses personnels formés aux différentes missions de la spécialité effectuent les actes techniques sur les scènes d'infraction les plus graves, au besoin en déployant une équipe d'intervenants placés sous la direction d'un « coordinateur de police technique ». Ils réalisent des travaux techniques dans les domaines de la révélation des traces papillaires, de la balistique, des documents et des écritures. Ils exploitent un site régional du fichier automatisé des empreintes digitales. Le SRIJ anime et contrôle l'ensemble des services locaux exerçant des missions d'identité judiciaire. À ce titre, il effectue un audit technique annuel des services dépendant de la Direction centrale de la sécurité publique.

À Paris, les missions d'identité judiciaire sont assurées par les sections techniques de recherches et d'investigations de l'identité judiciaire rattachées à la Direction régionale de la police judiciaire.

– *Le Service régional de documentation criminelle* (SRDC). Il gère la documentation criminelle locale et enrichit le STIC. À Paris, c'est la division de la statistique et de la documentation criminelle qui joue ce rôle.

– *Le Service régional de l'informatique et des traces technologiques* (SRITT). C'est le correspondant local du SCITT.

B) *La police technique de proximité*. – Sa mission exclusive est la lutte contre la petite et moyenne délinquance. Le personnage clé est le « policier polyvalent » recruté dans le corps des gardiens de la paix et spécialement formé. Tout en continuant d'assurer les missions confiées à son unité d'affectation, il est chargé de rechercher les indices sur les lieux de « petits » cambriolages, sur les véhicules volés, etc. Il procède également à la signalisation des personnes gardées à vue. L'organisation repose sur deux niveaux.

– *La base technique*. Elle constitue l'organisme de premier niveau. Présente dans toutes les circonscriptions dépourvues d'unités spécialisées d'identité judiciaire, elle assure la centralisation, le contrôle et la transmission des relevés de traces et des signalisations effectués par les policiers polyvalents de la circonscription.

– *Le service local de police technique*. Chaque département en dispose d'au moins un. Il a autorité sur les bases techniques. Ses personnels contrôlent et exploitent les travaux des polyvalents (traitement des traces...), se déplacent sur les lieux d'infractions graves pour y procéder aux constatations, exploitent la borne de signalisation dactyloscopique.

Au 1er janvier 2008, la police technique de proximité comptait plus de 7 000 polyvalents, 600 bases techniques supervisées par près de 170 services locaux de police technique.

C) *L'Institut national de police scientifique*. – Établissement public autonome, il est placé sous la tutelle du ministre de l'Intérieur qui en a délégué l'exercice au directeur général de la police nationale. Son siège est fixé à Écully. Il regroupe :

a) Les laboratoires de police scientifique de Lyon, Lille, Marseille, Paris, Toulouse. Dirigés par des scientifiques, ils sont organisés en sept sections : biologie, physico-chimie et géologie, incendies et explosions, toxicologie, stupéfiants, balistique, documents et traces. À Paris, les incendies et explosions relèvent du laboratoire central de la préfecture de police (LCPP) ; la toxicologie et les stupéfiants, du laboratoire de toxicologie. Le laboratoire de Lyon a créé en son sein une *Unité automatisée de génotypage,* structure ultramoderne spécialisée dans la réalisation à grande échelle d'analyses destinées à alimenter le FNAEG en profils individus.

b) Le laboratoire de toxicologie de la préfecture de police.

La mission générale de l'institut est de procéder à tous les examens, recherches et analyses d'ordre scientifique ou technique qui lui sont demandés par les autorités judiciaires et les services de la police ainsi que ceux de la gendarmerie aux fins de constatation des infractions pénales et d'identification de leurs auteurs.

Ses personnels peuvent être amenés à se déplacer sur les lieux d'infraction à la demande des enquêteurs ou des magistrats.

L'institut développe et gère des bases de données nationales ou internationales, améliore les protocoles techniques et scientifiques, engage des programmes de recherche, participe à des actions de formation, contribue à l'élaboration d'accords de coopération internationale.

Il est administré par un conseil d'administration et dirigé par un directeur. Un conseil scientifique est institué en son sein.

Le *conseil d'administration* comprend, outre son président, 23 membres : 12 représentants de l'État (dont le directeur général de la police nationale, et des directeurs d'administration centrale du ministère de l'Intérieur), 6 personnes qualifiées, choisies en raison de leur compétence en matière scientifique, 5 représentants du personnel.

Le *directeur,* contrôleur général de la police nationale depuis 2004, est assisté d'un directeur adjoint. Il dispose à ses côtés du *service central des laboratoires.* Outre des tâches administratives, cette structure suit et anime l'activité des laboratoires au travers de coordonnateurs spécialisés dans chacune des disciplines auxquelles s'ajoutent la qualité, l'hygiène et la sécurité.

Le *conseil scientifique* assiste le président du conseil d'administration et le directeur de l'institut dans les domaines de la politique scientifique, des programmes de recherche, de la veille technologique...

Début 2008, l'INPS comptait un effectif de 560 fonctionnaires dont 402 scientifiques et 45 personnels actifs. En 2007, il a traité 186 000 dossiers dont 173 000 pour la seule biologie et près de 7 000 en toxicologie, 1 600 en incendies-explosions et autant en stupéfiants, plus de 1 000 en balistique et en documents-traces, 950 en physico-chimie.

2. **Les personnels.**

A) *Les différentes catégories.* – La réalisation des missions de police technique et scientifique fait appel à trois catégories de personnel : *policiers « actifs », scientifiques, administratifs,* de tous grades et de tous corps, qui cohabitent au sein des mêmes structures.

Commissaires de police, officiers et gardiens de la paix représentent la catégorie des policiers « actifs ». Tous sont recrutés par concours, les premiers au niveau Bac + 5, les seconds au niveau Bac + 3, les troisièmes au niveau Bac.

Les scientifiques sont organisés en trois corps et recrutés par concours. Celui des ingénieurs (catégorie A, Bac + 5) comporte trois grades : ingénieur, ingénieur principal, ingénieur en chef. Celui des techniciens (catégorie B, Bac + 2) comprend les grades de technicien, technicien principal, technicien en chef. Le corps des agents spécialisés de police technique et scientifique (ASPTS, catégorie C, niveau Brevet des collèges ou équivalent) est structuré en deux grades : agent spécialisé et agent spécialisé principal. Trois décrets portant statut particulier régissent ces corps, deux du 3 mai 2002 pour les ingénieurs et les agents spécialisés, un du 26 septembre 2005 pour les techniciens.

Les directeurs de laboratoire sont des scientifiques de très haut niveau dont le statut est fixé par un décret du 23 juillet 1992. Leurs adjoints, dénommés chefs de service de laboratoire, sont généralement recrutés parmi les ingénieurs en chef.

Attachés de police, secrétaires administratifs et adjoints administratifs constituent les personnels administratifs.

En dehors de l'Institut national de police scientifique, la direction des services centraux et territoriaux est assurée par des commissaires de police ou des officiers.

L'encadrement et la réalisation des travaux techniques incombent, selon les cas de figure, à des officiers, des gardiens de la paix, des scientifiques auxquels s'ajoutent, pour ce qui concerne la documentation criminelle, des administratifs.

Une évolution remarquable doit être soulignée. Jusque dans les années 1990, les personnels d'identité judiciaire venaient exclusivement des rangs des policiers « actifs ». Peu à peu, des personnels scientifiques ont été recrutés et sont allés, progressivement, peupler les services centraux et territoriaux pour y exercer les missions réservées jusque-là aux « actifs ».

Les raisons de cette évolution sont multiples. Elles tiennent à des considérations budgétaires, au souci de fidéliser les personnels dans des domaines très spécialisés nécessitant une longue formation, à la volonté de recentrer l'activité des policiers actifs sur leur cœur de métier, l'investigation, le renseignement, l'ordre public.

Aujourd'hui, les scientifiques représentent plus de la moitié des effectifs de l'identité judiciaire. Ce processus de large substitution a vocation à se développer aussi bien pour les tâches d'exécution que pour celles de commandement et d'encadrement.

L'Institut national de police scientifique échappe en large part, mais pas totalement, à cette évolution dans la mesure où ses effectifs ont toujours été constitués majoritairement de scientifiques. Il n'en demeure pas moins que le nombre de policiers qui exercent dans les laboratoires, notamment dans les sections balistique et documents, ne cesse de s'amenuiser.

Il convient de ranger à part les fonctionnaires affectés en documentation criminelle qui ont toujours été issus, pour l'essentiel, des corps administratifs de la police.

Au 1er janvier 2008, les services centraux de la sous-direction de la police technique et scientifique comptaient un effectif de 350 fonctionnaires ; les services territoriaux toutes unités confondues, d'environ 1 850 (dont 1 300 en identité judiciaire, plus de 500 en documentation criminelle et près de 50 en traces technologiques) ; l'INPS, de 560. Sur ce total, le nombre de scientifiques s'élevait à plus de 1 200 dont 180 ingénieurs, 300 techniciens et près de 750 ASPTS. L'INPS employait la grande majorité des ingénieurs, la moitié des techniciens et 10 % des ASPTS.

Pour être complet sur le chiffre des effectifs qui participent à la mission de police technique et scientifique, il faut rajouter les 7 000 polyvalents.

B) *La formation.* – Elle est indispensable pour que les différents acteurs soient en mesure d'accomplir de manière irréprochable les prestations soignées qui sont attendues d'eux.

Toutes les actions de formation sont sanctionnées par une *habilitation* qui peut ne pas être accordée en cas d'insuffisance professionnelle constatée.

– *La formation initiale* des scientifiques fait intervenir deux structures. L'Institut national de formation des personnels administratifs techniques et scientifiques (INFPATS) dépendant de la Direction de la formation de la police nationale dispense des stages portant sur l'environnement administratif, juridique et professionnel. La Division des études, des liaisons et de la formation assure, à Écully, la formation technique déclinée en deux modules :

- « gestion d'une scène d'infraction » (durée : cinq semaines) à destination des agents spécialisés de police technique et scientifique et des techniciens, qui confère la qualification de *gestionnaire de scène d'infraction (GSI)*. Cette expression a remplacé celle de « technicien de scène crime » (TSC) devenue, au fil du temps, trop restrictive en raison du champ d'intervention de plus en plus étendu de la police technique et scientifique ;

- « exploitation des traces en police technique » (durée, quatre semaines) à l'intention des techniciens affectés dans un service d'identité judiciaire.

Les ingénieurs ne sont pas astreints à suivre des formations techniques. Ils effectuent un stage d'adaptation à l'exercice de leurs fonctions qui comporte la découverte des partenaires institutionnels (magistrats, gendarmes...). Par la suite, ils sont conduits à suivre des stages en rapport avec leur spécialité au titre de la formation continue.

– *La formation continue*. Elle est de la compétence de la DELF, et concerne les personnels scientifiques et les policiers actifs affectés en identité judiciaire. Outre ceux qui viennent d'être mentionnés (pour les seuls actifs), les stages concernent tous les domaines de la criminalistique : portrait-robot, écritures, documents, balistique, empreintes digitales...

– *La formation des « polyvalents »* est dispensée dans des structures d'enseignement locales par des personnes ressources elles-mêmes formées à Écully. Elle dure cinq jours et porte sur la maîtrise des « actes simples de police technique » : relevé des empreintes digitales et prélèvement des traces biologiques en se conformant à un protocole d'intervention, signalisation des gardés à vue.

II. – La gendarmerie nationale

1. **Les structures.** – La gendarmerie nationale n'a pas de structure centrale spécialisée regroupant sous

son autorité tous les services concourant aux missions de police technique et scientifique. La coordination et le suivi sont assurés par une section de la sous-direction de la police judiciaire. Elle dispose toutefois de deux services à compétence nationale, l'un dans le domaine de la criminalistique, l'autre dans celui de la documentation. Le niveau territorial est constitué de deux échelons, celui de la brigade départementale de renseignements et d'investigations judiciaires, et celui des brigades.

A) *L'Institut de recherche criminelle de la gendarmerie nationale (IRCGN)*. – Il relève, pour emploi, de la sous-direction de la police judiciaire et est installé à Rosny-sous-Bois (Seine-Saint-Denis). Il remplit les missions suivantes :

- réalisation d'examens scientifiques, sur réquisition des officiers de police judiciaire ou des magistrats, ou d'expertises à la demande des magistrats ;
- assistance des enquêteurs sur le terrain lors de crimes graves ou complexes ou de catastrophes, en déplaçant des personnels hautement qualifiés disposant de moyens matériels adaptés (*unité nationale d'investigation criminelle* ou *unité gendarmerie d'identification des victimes de catastrophe*) ;
- participation aux actions de formation des personnels dans les diverses disciplines de la police technique et scientifique ;
- poursuite de recherches dans tous les domaines de la criminalistique.

L'Institut est organisé en trois divisions criminalistiques : physique et chimie, identification humaine, ingénierie et numérique. La première regroupe les départements environnement-incendies-explosifs, toxicologie, balistique, micro-analyse. La seconde, les départements biologie, empreintes digitales, anthropologie-thanatologie-odontologie, entomologie. La troisième, les départements, informatique-électronique, signal-image-parole, documents, véhicules.

L'IRCGN a autorité sur le *Service central d'analyses génétiques de la gendarmerie* comparable à l'Unité automatisée de génotypage de la police, et sur le *Service central de préservation des prélèvements biologiques.*

B) *Le Service technique de recherches judiciaires et de documentation (STRJD).* – Installé à Rosny-sous-Bois, il gère et exploite, au bénéfice de l'ensemble des unités de gendarmerie, les grandes bases de données nationales communes à la police et à la gendarmerie, le fichier automatisé des empreintes digitales, le fichier des personnes recherchées, le fichier des véhicules volés, ainsi que le système d'information judiciaire « JUDEX » (acronyme pour système JUdiciaire de DOcumentation et d'EXploitation), propre à la gendarmerie, qui centralise toutes les informations (affaires, modes opératoires, signalements...) recueillies par les unités de gendarmerie dans le cadre de leurs enquêtes judiciaires. L'alimentation de la base nationale est réalisée au niveau du groupement de gendarmerie par les brigades départementales de renseignements et d'investigations judiciaires.

C) *La Brigade départementale de renseignements et d'investigations judiciaires (BDRIJ).* – Elle procède au recueil de l'information judiciaire qu'elle traite à des fins opérationnelles et alimente JUDEX. Elle est chargée de missions d'identité judiciaire et ses techniciens en identification criminelle se transportent, à demande, sur les scènes d'infraction. Elle exploite certains indices sur un plateau technique.

D) *Le niveau élémentaire.* – Il est constitué par les brigades territoriales autonomes, les communautés de brigade et les brigades de recherches. Les militaires qui y sont affectés réalisent des actes de police technique et scientifique de proximité (relevé d'empreintes digitales, prélèvements biologiques), protègent les scènes de crime jusqu'à l'intervention des techniciens en identification criminelle (TIC), signalisent les gardés-à-vue.

2. **Les personnels.** – Ce sont tous des militaires de la gendarmerie. Compte tenu de la grande diversité de ses spécialités scientifiques et techniques, l'Institut de recherche criminelle fait exception en ayant recours, ponctuellement, au recrutement d'officiers du service de santé des armées et de personnels civils, ces derniers par la voie du concours d'entrée dans le corps des ingénieurs ou des techniciens supérieurs d'études et de fabrication, branche « travaux spéciaux de laboratoire ».

Les techniciens en identification criminelle sont formés, pendant six semaines, au Centre national de formation de police judiciaire à Fontainebleau. Ils sont ensuite régulièrement recyclés.

Les gendarmes qui servent en unité territoriale reçoivent une formation élémentaire aux actes simples en école de sous-officiers.

Fin 2007, les gendarmes œuvrant en police technique et scientifique étaient un peu moins de 3 000

(242 à l'IRCGN, 261 au STRJD, 2 420 dans les BDRIJ) auxquels s'ajoutent les gendarmes polyvalents des brigades territoriales.

III. – Le Conseil supérieur de la police technique et scientifique

Il a été créé pour faire prévaloir la concertation dans un domaine où police et gendarmerie avaient, jusqu'alors, conduit des politiques parallèles sans coordination.

Institué par un décret du 25 mars 1992, il est « chargé de proposer un schéma directeur définissant les orientations de la police technique et scientifique », et veille à la « cohérence de l'application de la politique mise en œuvre par les services compétents ».

Présidé par le ministre de l'Intérieur, il compte douze membres dont le directeur général de la gendarmerie nationale, le directeur général de la gendarmerie, le directeur des affaires criminelles et des grâces de la Chancellerie, le directeur général de la recherche et de la technologie. Les autres membres sont des personnes qualifiées des ministères de l'Intérieur, de la Justice, de la Défense, de la Recherche. Le secrétariat de cette instance revient à la sous-direction de la police technique et scientifique. Deux groupes de travail sont constitués sur les thèmes de la documentation criminelle et de la criminalistique.

Chapitre IV

L'ENCADREMENT JURIDIQUE

Les activités de la police technique et scientifique font l'objet d'un strict encadrement légal aussi bien dans le domaine de la criminalistique (constatations sur la scène d'infraction, réalisation de travaux techniques ou scientifiques) que dans celui de la documentation criminelle avec la question centrale de la création et de l'utilisation des fichiers.

I. – Les constatations sur la scène d'infraction

Aux constatations sur les lieux du crime ou du délit, il convient d'ajouter les recherches menées chez le suspect (perquisitions du domicile, du véhicule...). Pendant ces opérations, tous les efforts sont tendus vers la découverte des indices qui éclaireront l'enquêteur sur les circonstances du crime ou du délit et sur l'identité de son auteur.

Pour remplir cette mission, l'officier de police judiciaire chargé de la conduite de l'enquête peut requérir « toutes personnes qualifiées » comme le prévoit le Code de procédure pénale (CPP) en matière de constatations (art. 60, 77-1). Dans la pratique, il se fait accompagner par un ou plusieurs spécialistes d'identité judiciaire requis verbalement. Si des recherches particulières doivent être menées, l'OPJ peut requérir par écrit toute personne qualifiée. Cette hypothèse est relativement rare, elle concerne essentiellement l'intervention de spécialistes des laboratoires dans des affaires où leur présence sur le terrain est jugée indispensable.

II. – La réalisation des travaux techniques ou scientifiques

Si les éléments de preuve découverts sur la scène d'infraction ou chez le suspect donnent, d'emblée, des indications intéressantes (la découverte d'un pistolet automatique à quinze coups ou d'une arme à grenaille modifiée n'a pas la même signification), tous sans exception doivent être examinés de manière approfondie par des spécialistes qui en extrairont la moindre information. De tels travaux d'exploitation vont orienter l'enquête de façon décisive. Ils forment le quotidien des spécialistes de la police technique et scientifique.

1. **Les catégories de travaux.** – Les travaux sont de deux natures, selon l'autorité qui les ordonne et le formalisme qui les entoure ; d'une part, les *examens techniques et scientifiques* prescrits par l'officier de police judiciaire ou le procureur de la République ; d'autre part, les *expertises* qui sont du seul ressort des juridictions d'instruction ou de jugement.

Un point essentiel doit être souligné : le recours à l'une ou à l'autre possibilité est sans aucune incidence sur la qualité des investigations. Dans les deux cas, devant des travaux de nature identique, ce sont les mêmes spécialistes, se servant des mêmes équipements, utilisant les mêmes protocoles, et animés de la même rigueur intellectuelle et scientifique, qui interviennent.

2. **Les examens techniques ou scientifiques.** – En cas de crime ou de délit flagrant, l'article 60 du CPP stipule que, « s'il y a lieu de procéder [...] à des examens techniques ou scientifiques, l'officier de police judiciaire a recours à toutes *personnes qualifiées* ».

En enquête préliminaire, cette faculté appartient au procureur de la République qui peut autoriser l'officier de police judiciaire à en user (art. 77-1 du CPP).

Lorsqu'une information est ouverte et qu'une commission rogatoire est délivrée à un officier de police judiciaire, celui-ci peut, théoriquement, requérir une personne qualifiée dans la mesure où la délégation judiciaire est très générale. Il convient toutefois qu'il se montre prudent. Dès qu'une question technique se pose, la voie de l'expertise est à privilégier en raison des nouvelles prérogatives reconnues aux parties par la loi du 5 mars 2007 tendant à renforcer l'équilibre de la procédure pénale.

Les textes ne donnent nulle part de définition de la « personne qualifiée ». Il s'agit d'un sachant qui par ses connaissances ou ses compétences dans un domaine particulier est en mesure d'exploiter un indice, de donner un avis autorisé sur une question matérielle qui lui est soumise. Les spécialistes des laboratoires et ceux de l'identité judiciaire sont, dans leur matière, des personnes qualifiées, mais n'importe qui faisant autorité dans un domaine donné peut être considéré comme tel.

La saisine de la personne qualifiée intervient par un procès-verbal de réquisition qui énumère et décrit les scellés avant de préciser la nature des travaux demandés.

Sauf si elles sont inscrites sur une liste nationale d'experts établie par la Cour de cassation, ou sur une des listes d'experts dressées par les cours d'appels, les personnes requises prêtent serment d' « apporter leur concours à la justice en leur honneur et en leur conscience ».

Elles peuvent procéder à l'ouverture des scellés. Leurs travaux font l'objet d'un rapport. Elles ont la possibilité de communiquer oralement leurs conclusions aux enquêteurs en cas d'urgence. C'est ce qui se passe dans la pratique quotidienne, le policier ayant un besoin pressant de disposer immédiatement de tous les éléments de nature à l'orienter dans ses investigations.

Sur instructions du procureur de la République, l'officier de police judiciaire donne connaissance des résultats des examens techniques et scientifiques aux personnes à l'encontre desquelles il existe des indices faisant présumer qu'elles ont commis ou tenté de commettre une infraction, ainsi qu'aux victimes.

3. **Les expertises.** – Elles sont régies par les articles 156 à 169 du CPP.

A) *Les autorités compétentes pour ordonner une expertise et le choix des experts.* – « Toute juridiction d'instruction ou de jugement, dans le cas où se pose une question d'ordre technique, peut, soit à la demande du ministère public, soit d'office, où à la demande des parties, ordonner une expertise. » Cette faculté est surtout utilisée par le juge d'instruction. Lorsqu'il estime ne pas devoir faire droit à une demande d'expertise, il doit rendre une ordonnance motivée.

Depuis la loi du 5 mars 2007, et sauf cas particuliers, le juge est tenu d'adresser, sans délai, copie de sa décision ordonnant une expertise au procureur de la République et aux avocats des parties. Ceux-ci peuvent demander que soient modifiées ou complétées les questions posées à l'expert ou que lui soit adjoint un expert de leur choix. Un refus doit faire l'objet d'une ordonnance motivée qui peut être contestée.

En principe, les experts sont choisis parmi les personnes physiques ou morales inscrites sur la liste nationale établie par la Cour de cassation ou sur une des listes dressées par les cours d'appel.

À titre exceptionnel, les juridictions peuvent, par décision motivée, choisir des experts ne figurant sur aucune de ces listes, ce qui est le cas, par exemple, de l'immense majorité des personnels de l'INPS. Ils doivent alors prêter serment, chaque fois qu'ils sont commis.

Si l'expert désigné est une personne morale (comme l'INPS), son représentant légal soumet à l'agrément de la juridiction le nom de la personne physique qui, au sein de celle-ci et en son nom, effectuera l'expertise.

Habituellement l'expert est unique, mais, si les circonstances le justifient, le juge peut en désigner plusieurs.

B) *Les opérations d'expertise.* – La mission de l'expert est précisée dans la décision qui ordonne l'expertise.

Un délai de réalisation est fixé. Il peut être prorogé. S'il excède un an, le juge d'instruction peut demander que soit déposé un rapport d'étape.

L'expert est habilité à procéder à l'ouverture des scellés et à en confectionner de nouveaux.

S'il souhaite être éclairé sur une question échappant à sa spécialité, le juge a la possibilité de l'autoriser à s'adjoindre des personnes nommément désignées, spécialement qualifiées par leur compétence.

Au cours de l'expertise, les parties peuvent demander au juge que soient effectuées certaines recherches ou entendue toute personne nommément désignée qui serait susceptible de fournir des renseignements d'ordre technique.

C) *Les conclusions de l'expertise.* – Lorsque le travail d'expertise est terminé, l'expert dépose son rapport définitif. Il y décrit les opérations qu'il a effectuées et présente ses conclusions en mentionnant les noms et qualités des personnes qui l'ont assisté.

Lorsque plusieurs experts ont été désignés et s'ils sont d'avis différents ou s'ils ont des réserves à formuler sur des conclusions communes, chacun d'eux indique son opinion ou ses réserves.

Avec l'accord du juge d'instruction, l'expert peut communiquer les conclusions de son rapport aux officiers de police judiciaire en charge de l'affaire, au procureur de la République ou aux avocats des parties.

Le juge d'instruction est tenu de donner connaissance des conclusions des experts aux parties et à leurs avocats. Il leur fixe un délai pour présenter leurs observations ou formuler une demande, notamment aux fins de complément d'expertise ou de contre-expertise. Lorsqu'il rejette une telle demande, le juge d'instruction est tenu de motiver sa décision. S'il y fait droit, il ordonne un complément d'expertise ou une contre-expertise qui se déroule suivant les mêmes modalités que celles qui viennent d'être définies.

Le dépôt du rapport ne met pas fin à la tâche de l'expert qui devra, dans la plupart des cas, venir à l'audience pour présenter oralement et sous serment le résultat de ses travaux. Le président, le ministère public et les avocats des parties peuvent alors lui poser toute question rentrant dans le cadre de la mission qui lui a été confiée.

Les personnels scientifiques de l'INPS et de l'IRCGN réalisent chaque année de nombreuses expertises dans tous les domaines de leur champ de compétence. En 2007, l'INPS en a effectué un peu plus de 2000.

III. – Les fichiers

Fichier automatisé des empreintes digitales, Fichier national automatisé des empreintes génétiques, Système de traitement des infractions constatées, JUDEX sont tous des fichiers de police judiciaire, alimentés uniquement par des données recueillies au cours d'enquêtes judiciaires et dont la finalité est de faciliter la lutte contre la criminalité et la délinquance.

Mal connus, ils suscitent souvent la méfiance et sont parfois source de polémiques. Dans la mesure où ils constituent, pour partie, la mémoire de la police, et qu'à ce titre leur existence ne saurait être remise en cause, la seule et vraie question qui se pose est celle de leur situation au regard du droit. Font-ils l'objet d'un encadrement juridique et, si oui, offrent-ils toutes les garanties nécessaires ? La question se pose tant au stade de la création de ces applications qu'à celui de leur fonctionnement et utilisation quotidiens.

1. **La création des bases de données nominatives.** – Les fichiers de police sont régis par la loi « Informatique et libertés » du 6 janvier 1978 modifiée par la loi du 6 août 2004.

L'article 26-I stipule que les traitements de données à caractère personnel mis en œuvre pour le compte de l'État et qui intéressent la sûreté de l'État, la défense ou la sécurité publique, sont autorisés par arrêté du ou des ministres compétents, pris après avis motivé et publié de la Commission nationale de l'informatique et des libertés.

L'article 8 pose le principe de l'interdiction de collecter ou de traiter des données à caractère personnel qui font apparaître, directement ou indirectement, les origines raciales ou ethniques, les opinions politiques, philosophiques ou religieuses, ou l'appartenance syndicale des personnes, ou qui sont relatives à leur santé ou à leur vie sexuelle. Les traitements qui dérogeraient à ce principe doivent être autorisés par décret en Conseil d'État pris après avis motivé et publié de la Commission nationale de l'informatique et des libertés (art. 26 II).

Sans préjudice de l'intervention au niveau réglementaire de la CNIL ou du Conseil d'État, le parlement peut souhaiter légiférer dans le domaine sensible des fichiers de police. La loi du 18 mars 2003 a, ainsi, consacré un chapitre aux traitements automatisés d'informations mis en œuvre par la police et la gendarmerie.

2. **Les garanties de fonctionnement et d'utilisation.** – Prévues par les actes réglementaires portant création des applications, elles contiennent les fichiers dans des limites bien définies qui visent à assurer un juste équilibre entre le droit à la sécurité et les droits et libertés individuels.

– *La finalité des fichiers et leur contenu sont précisés.* Les personnes qui peuvent y être enregistrées font l'objet d'une définition juridique précise (par exemple, les « mis-en-cause » dans le FADE, le FNAEG, STIC, JUDEX). Les données elles-mêmes sont limitativement énumérées et doivent répondre à un critère de proportionnalité par rapport à la finalité du fichier.

– *Les informations sont soumises, selon leur nature, à des durées de conservation* déterminées. Certains fichiers comportent des dispositifs automatisés d'effacement (STIC, JUDEX, FAED).

– *Les données sont mises à jour.* Outre l'obligation légale de rectification qui incombe au gestionnaire du fichier dès qu'il a connaissance qu'une information est erronée ou incomplète, l'ensemble des fichiers est régi par des règles de mise à jour des données propres à chacun d'entre eux. Il s'agit généralement de la prise en compte des suites judiciaires favorables dont a bénéficié la personne mise en cause à l'issue de la phase juridictionnelle. Pour certains fichiers, cette mise à jour est obligatoire et incombe aux procureurs de la République (STIC, JUDEX), tandis que pour d'autres elle relève de l'initiative de la personne concernée qui saisit l'autorité judiciaire.

– *L'accès aux données, en alimentation et en consultation, est strictement réglementé.* Les textes qui créent chaque fichier comportent des dispositions définissant les catégories de personnels qui peuvent intervenir dans l'application ou bénéficier de ses informations. Un système de traçabilité informatique permet de suivre les opérations de chaque intervenant dans les fichiers les plus sensibles (STIC, FNAEG, FAED).

– *Les interconnexions ou mises en relation* avec d'autres traitements automatisés d'informations nominatives *sont interdites.*

– *Les citoyens bénéficient d'un droit d'accès direct ou indirect* qui leur permet de vérifier s'ils figurent dans un fichier et, si oui, de prendre les initiatives qu'ils jugent utiles (demande de radiation, requalification des faits, mise à jour...).

– *Les fichiers sont placés sous le contrôle d'autorités indépendantes.* Outre la CNIL qui détient un pouvoir général de surveillance, chaque fichier de police est placé sous le contrôle de magistrats de l'ordre judiciaire.

Chapitre V

LA RECHERCHE DES ÉLÉMENTS DE PREUVE

Sans éléments à exploiter, la police technique et scientifique perd sa raison d'être. La recherche des traces et indices sur la scène d'infraction, mais aussi chez le suspect, constitue un des temps forts de l'enquête ainsi qu'un moment bien souvent décisif pour la suite des investigations.

I. – Le traitement de la scène d'infraction : fondement de la police technique et scientifique

La scène d'infraction est le lieu où a été commis le crime ou le délit et, par extension, tout endroit ou événement qui lui est associé : véhicule volé utilisé par l'auteur et abandonné peu après, lieu de découverte du cadavre quand il a été transporté, domicile et voiture de la victime, lieu de séquestration de l'otage, revendication d'attentat...

Les opérations de police technique sur la scène d'infraction constituent le premier maillon de la chaîne criminalistique et le socle de la police technique et scientifique.

Les développements qui suivent concerneront essentiellement les affaires qui nécessitent un traitement particulier. Celles qui relèvent de la police technique de proximité procèdent d'une mise en œuvre simple qui repose sur un seul intervenant formé aux actes de terrain élémentaires et doté, pour les accomplir, d'une mallette d'intervention contenant un équipement de protection simplifié et le matériel de prélèvement des indices les plus courants et les plus intéressants.

1. **Le transport sur les lieux de l'infraction.** – L'obligation juridique de transport sur les lieux d'une infraction ne concerne que les crimes et les découvertes de cadavre.

L'article 54 du CPP précise en effet qu' « en cas de crime flagrant l'officier de police judiciaire qui en est avisé se transporte sans délai sur le lieu du crime et procède à toutes constatations utiles ». L'article 74 prévoit la même obligation « en cas de découverte de cadavre, qu'il s'agisse ou non d'une mort violente, mais si la cause en est inconnue ou suspecte ».

Dans la pratique, le transport sur les lieux concerne de plus en plus de faits dans le cadre d'une intensification de la lutte contre la petite et moyenne délinquance. Police et gendarmerie fournissent un important effort pour parvenir à une généralisation des déplacements tant il est vrai que leur multiplication augmente le volume de traces relevées et donc le nombre d'identifications d'auteurs de crimes ou de délits.

Consacré par le CPP comme personnage central de la scène d'infraction, l'OPJ saisi emmène systématiquement avec lui un ou plusieurs techniciens de l'identité judiciaire. S'il y a lieu, le « coordinateur de police technique et scientifique » se déplace sur les lieux. Ces intervenants agissent en étroite association pour procéder respectivement aux constatations matérielles et aux opérations techniques.

L'objectif est de dresser un constat minutieux et méthodique de l'état des lieux et de chercher à apporter les premiers éléments de réponse aux questions récurrentes qui se posent en pareil cas : Qui ? Quand ? Comment ? Pourquoi ? Autrement dit, dans le cas d'un meurtre, qui est la victime et quelle est la cause de sa mort ? Quel est l'auteur du crime et à quel mobile a-t-il obéi ? Quand et comment les faits se sont-ils déroulés ?

À l'issue de ses opérations, l'OPJ rédigera un procès-verbal de constatations dans lequel il consignera ses observations visuelles et rapportera ses initiatives. Le technicien établira un dossier technique qui figurera dans la procédure.

De la qualité des constatations dépend très souvent la réussite ou l'échec de l'enquête. C'est particulièrement vrai pour les homicides. Les grandes affaires contemporaines qui ont défrayé la chronique médiatique sont toutes nées de constatations inexistantes ou insuffisantes.

2. **La préservation de l'état des lieux.** – Les spécialistes d'identité judiciaire sont rarement les premiers arrivants sur les lieux du crime ou du délit. Ils sont presque toujours précédés par d'autres policiers ou gendarmes alertés par les victimes, le voisinage ou les services de secours. C'est à eux qu'incombe l'obligation de protéger la scène, préalable indispensable pour permettre une intervention technique efficiente, mais aussi pour parvenir à reconstituer, par déduction, les faits qui s'y sont déroulés. Il faut donc éviter toute modification des lieux, tout déplacement, dégradation, destruction ou pollution d'indice.

L'article D7 du CPP enjoint aux premiers intervenants de veiller à la « préservation de l'état des lieux ainsi qu'à la conservation des traces et indices jusqu'à ce qu'il soit procédé aux opérations de police technique et scientifique ». Dès leur arrivée sur les lieux, ils doivent s'efforcer d'emprunter un cheminement différent de celui de l'auteur, éviter toute contamination de leur fait, prendre toutes les précautions utiles pour protéger les traces.

Sous réserve des impératifs de sécurité, de salubrité ou de soins à prodiguer aux victimes, il leur appartient de prendre les mesures conservatoires vis-à-vis des tiers. C'est en premier lieu l'évacuation des curieux, familiers (en portant attention aux témoins), puis la délimitation d'un large périmètre autour de la scène d'infraction où ne seront autorisées à rester ou à pénétrer que les personnes habilitées. Un ruban de signalisation peut matérialiser la zone à protéger. Dans les affaires les plus graves, une garde statique ou mobile est mise en place. Parfois il convient de protéger des intempéries la scène d'infraction située en extérieur.

II. – Les opérations techniques sur la scène d'infraction

Elles peuvent débuter dès que les lieux sont sanctuarisés.

1. **L'intervention de personnels spécialement formés.** – Les crimes ou délits d'une certaine gravité sont couverts par un personnel qui a suivi une formation approfondie dans le traitement de la scène d'infraction, *gestionnaire de scène d'infraction* (GSI) pour la police, *technicien en identification criminelle* (TIC) pour la gendarmerie.

Ces professionnels, affectés dans des services spécialisés, sont organisés pour intervenir à tout moment et en tous lieux. Ils sont dotés des équipements nécessaires pour fixer photographiquement la scène d'infraction, en dresser un plan, révéler, recueillir ou prélever, conditionner tous types d'indices.

Jusqu'à ces dernières années, il était habituel qu'un seul GSI ou TIC intervienne sur la scène d'infraction. Aujourd'hui, dans les affaires les plus graves ou les plus complexes, les constatations techniques sont effectuées par plusieurs spécialistes. Des « coordinateurs de police technique et scientifique » ont ainsi été formés à Écully pour diriger de telles équipes. Ils conseillent le directeur d'enquête, décident de la planification des moyens et des méthodes à mettre en œuvre et coordonnent l'activité des différents intervenants de l'identité judiciaire. La gendarmerie, pour sa part, a créé des « coordinateurs en criminalistique ».

Lors d'affaires particulièrement graves, la venue sur les lieux de personnels des laboratoires de police scientifique peut être opportune. C'est systématique en matière d'attentat, assez fréquent pour les homicides et les incendies.

Sur la scène d'infraction, les opérations de police technique s'opèrent suivant un protocole qui se décline en séquences de travail successives.

La première consiste à revêtir des tenues de protection – combinaison, protège-bottes, coiffe, gants, masque buccal – et à préserver, s'il y a lieu, la scène d'infraction. La seconde s'attache à matérialiser les traces et indices à l'aide de cavaliers. Ensuite, les lieux sont fixés par la photographie et le relevé des cotes. Enfin, arrive la phase du prélèvement des traces et indices qui s'opère suivant un ordre précis, le technicien commençant par les plus fragiles.

2. **La mémorisation de l'état des lieux.** – La disposition des lieux tels que les ont laissés le ou les malfaiteurs fournit de précieuses indications.

Elle va inspirer à l'enquêteur ses premières hypothèses quant au déroulement des faits, la détermination du nombre d'auteurs, la nature du mobile.

C'est à partir de la mémoire de la disposition des lieux que le technicien ou le scientifique pourra mener certains travaux, comme le balisticien qui devra déterminer la position du tireur ou des victimes au moment des coups de feu.

Elle servira de référence, par la suite, pour corroborer ou infirmer les aveux d'un suspect à partir de détails que seul l'auteur des faits est en mesure de connaître.

Au moment du jugement, elle contribuera à forger l'intime conviction des juges ou des jurés.

C'est dire à quel point il est important de figer ces lieux dans leurs moindres particularités, avant toute autre diligence. Aux observations visuelles de l'officier de police judiciaire qu'il va rapporter sur son procès-verbal de constatations, vont se surajouter deux opérations techniques à la charge du spécialiste de l'identité judiciaire :

A) *La photographie des lieux.* – Elle fait intervenir trois catégories de prises de vue.

– Les vues générales, d'une part des abords (rue, maison ou immeuble), d'autre part du ou des cheminements pour accéder à la scène, enfin des lieux proprement dits. Il importe de fixer l'intégralité de la scène d'infraction et de bien situer les indices grâce aux cavaliers.

– Les vues rapprochées du corps de la victime et de chacun des indices.

– Les vues de détail des indices aux côtés d'un test millimétré.

B) *Le levé de plan.* – Il consiste à établir un plan de la scène d'infraction assorti de mesures précises.

L'ensemble de ces documents sera rassemblé dans l' « album d'état de lieux » qui sera consulté, au même titre que la procédure, tout au long de l'enquête et au cours du procès par les différentes parties intervenantes (enquêteurs, magistrats, jurés, défense, partie civile, experts...).

3. **L'examen du cadavre.** – Il intervient, la plupart du temps, en présence d'un médecin légiste requis pour la circonstance.

Les blessures et contusions sont localisées, décrites et photographiées. Les vêtements font l'objet d'un examen minutieux car ils peuvent fournir des indications précieuses sur le déroulement des faits (traces de lutte) et les causes de la mort (orifice de balle...). Ils sont décrits et saisis. Des prélèvements sur les mains ou les vêtements sont éventuellement réalisés aux fins de recherche de résidus de tir.

Un certain nombre d'opérations peuvent être effectuées à ce stade, plutôt qu'ultérieurement à l'institut médico-légal (IML), c'est le cas du relevé des empreintes digitales et du prélèvement de matériel biologique qui serviront à identifier un inconnu ou à éliminer des traces relevées sur les lieux comme n'étant pas celles de l'auteur.

L'examen du cadavre se poursuit et s'affine à l'IML lors de l'autopsie réalisée par le médecin légiste en présence de l'officier de police judiciaire. Cette intervention permet de récupérer, le cas échéant, des balles ou objets divers qui se sont logés dans le corps (lame de couteau cassée dans la blessure...). Dans le cas d'une mort récente, l'examen du bol alimentaire fournit des renseignements sur le dernier repas pris (estimation de l'heure et menu consommé). Des prélèvements d'organes ou de liquides biologiques peuvent être réalisés aux fins d'analyses toxicologiques.

4. **L'examen des lieux.** – Une observation minutieuse suffit à repérer les traces ou indices visibles qui sont immédiatement placés sous scellés par l'officier de police judiciaire. Les traces latentes peuvent être révélées par des procédés électrostatiques ou l'utilisation de sources de lumière particulières. C'est ainsi que la recherche d'empreintes digitales est facilitée par l'emploi d'éclairages à longueur d'ondes variable type « Polilight » ou Crimescope.

On ne saurait dresser une liste des traces et indices susceptibles d'être découverts sur une scène d'infraction, puisque tout élément matériel, dans le contexte d'une infraction, peut constituer un indice. Il est toutefois possible de recenser les plus communément rencontrés.

A) *Les empreintes digitales.* – Lorsque le support n'est pas transportable, la révélation est réalisée sur place par utilisation de poudres très fines (type aluminium) passées à l'aide d'un pinceau souple.

Les objets transportables seront traités en laboratoire par des méthodes physico-chimiques, ninhydrine pour les surfaces poreuses (carton, papier...), vapeurs de cyanoacrylate pour les surfaces non poreuses (verre, métaux, peinture, matières plastiques). D'autres supports nécessitent l'emploi de réactifs particuliers comme le violet de gentiane pour les surfaces adhésives.

Une fois mises en évidence, les empreintes digitales sont habituellement relevées par transfert à l'aide d'un film adhésif transparent. Quand cette opération s'avère impossible, l'empreinte est photographiée.

D'une façon générale, les méthodes de révélation se sont diversifiées et permettent aujourd'hui de « faire parler » des surfaces qui étaient « muettes » il y a quelques années encore. C'est ce qui explique l'efficacité toujours actuelle de ce mode d'identification.

À noter que pour une même trace à exploiter il n'y a pas, *a priori,* incompatibilité entre révélation d'empreinte digitale et prélèvement de matériel biologique. Le spécialiste jugera cas par cas.

B) *Les traces biologiques.* – Les plus connues sont le sang, le sperme, la salive, les cheveux avec bulbe, les ossements et tissus humains. Mais il faut noter que le contact prolongé d'une partie du corps humain avec un objet (bonnet, cagoule, vêtements, montre, téléphone portable, lunettes...) est susceptible de laisser un dépôt de cellules épithéliales contenant de l'ADN.

Les prélèvements doivent être réalisés en évitant toute contamination croisée. Après éventuel séchage, ils sont conditionnés séparément et conservés à température ambiante à l'abri de l'humidité et de la chaleur. S'il y a risque d'altération, les prélèvements sont congelés et adressés au laboratoire en prenant soin de ne pas rompre la chaîne du froid (prélèvements autopsiques).

Les traces biologiques ne se cantonnent pas à celles laissées par l'homme mais s'étendent au monde animal et végétal (plantes, mousses, diatomées...).

C) *Les armes à feu et éléments de munition.* – L'arme doit être manipulée avec précaution. Elle fait l'objet d'un examen (position du cran de sûreté, du chien) puis est neutralisée en prenant soin de préserver d'éventuelles traces digitales ou biologiques qui seront révélées en laboratoire. Les munitions sont retirées du magasin et comptées.

Les balles, douilles (dont la présence laisse supposer l'utilisation d'un pistolet), traces d'impact font l'objet de recherches minutieuses. Les perforations causées par les projectiles sont examinées avec attention afin de déterminer, par examen visuel, les orifices d'entrée et de sortie. La forme et l'aspect du bord de ces orifices permettent au spécialiste de se prononcer sur ce point précis.

D) *Les résidus de tir.* – Quand un coup de feu est tiré, quelle que soit l'arme, des particules résiduelles (plomb, baryum, antimoine, zinc, titane...) s'échappent, essentiellement par le canon et la culasse, et se déposent généralement sur les mains et les vêtements du tireur et sur tout autre objet ou personne se trouvant à proximité.

La mise en évidence de ces résidus, ou leur absence, fournit des indications sur les circonstances de la mort (suicide ou homicide) et, plus généralement, permet d'établir qu'un individu a utilisé récemment une arme à feu. Les supports potentiels (vêtements...)

sont saisis et conditionnés de façon à éviter tout contact entre eux. Des prélèvements sont effectués sur les mains du défunt ou du suspect à l'aide de tamponnoirs.

E) *Les traces technologiques.* – Il s'agit en premier lieu de tous les enregistrements sonores ou vidéo. Ce peut être une conversation, la revendication téléphonique d'un attentat, une demande de rançon, les images d'une caméra de surveillance (dans une station de métro, avant un attentat, par exemple), le film d'un cinéaste amateur réalisé à l'aide d'un Camescope ou d'un appareil photo. On range également dans cette catégorie les téléphones portables dont l'exploitation peut fournir de précieuses informations aux enquêteurs. Celui de la victime n'est pas le moins intéressant. Figurent aussi, dans cette rubrique, les composants électroniques, les cartes à puces et cartes magnétiques, ainsi que tous les supports multimédia (disques durs, disquettes, CD-ROM...).

F) *Les traces odorantes.* – Chaque individu est caractérisé par son odeur corporelle, véritable signature olfactive propre à chaque être humain. Il en imprègne les objets avec lesquels il rentre en contact (siège de voiture, téléphone portable, clefs, vêtements...). Une méthode d'identification par les odeurs a été développée par la sous-direction de la police technique et scientifique à Écully. Elle suppose le prélèvement de traces odorantes sur la scène d'infraction. Cette question sera développée dans le chapitre consacré à l'identification humaine (v. p. 77).

G) *Les indices liés aux incendies et aux explosions.* – En cas d'incendie, après avoir situé l'emplacement vraisemblable du (ou des) foyer(s) initial(aux), les enquêteurs y effectuent des prélèvements pour déterminer la cause du sinistre. Les matériaux poreux, tels que morceaux de moquette, tissus, bois (plinthes carbonisées) sont privilégiés, car ils sont susceptibles d'avoir absorbé des substances inflammables.

Sur les lieux d'un attentat, le cratère et les abords font l'objet d'un tamisage afin de retrouver des fragments de l'engin explosif (fils électriques, piles, composants électroniques...) ou de son conditionnement. Des prélèvements d'objets directement en contact avec la charge explosive ou situés à proximité sont réalisés.

H) *Les insectes.* – Ils sont utilisés pour situer la date de la mort quand un cadavre est découvert dans un état de putréfaction avancé. L'entomologie médico-légale repose sur l'ordre d'arrivée chronologique de différentes espèces d'insectes sur le corps.

Les prélèvements sont effectués par les spécialistes afin d'obtenir un échantillon représentatif des espèces présentes. Une moitié de prélèvement est conditionnée dans de l'alcool dénaturé, l'autre est constituée de larves vivantes.

I) *Autres traces et indices.* – Ce sont d'abord les traces instrumentales laissées par l'utilisation d'un outil (pied-de-biche, tournevis...) sur un support plus tendre. Ce sont aussi les textiles (étoffes, tissus cordes, ficelles, fils...), les débris d'optique (phare, clignotant...) ou de verre, les traces de pas ou de pneumatiques, les marques de peinture, la terre et le sable, les poils... On peut citer aussi produits chimiques, stupéfiants, boissons.

Lorsque la trace ne peut être prélevée, le technicien a recours à la technique du moulage ou à des prises de vue photographiques.

III. – Le recueil des éléments de comparaison chez le suspect

Si la scène d'infraction constitue le domaine de prédilection de la recherche des traces et indices, la quête des éléments de preuve ne se limite pas à ce seul terrain.

L'enquêteur doit s'appliquer à trouver les « éléments de comparaison » à confronter aux « éléments de question » découverts sur les lieux du crime ou du délit. Les fichiers peuvent établir des rapprochements. Si ce n'est pas le cas, l'officier ou l'agent de police judiciaire recueillera ces éléments sur ou chez le ou les suspects que ses investigations auront fait apparaître.

S'il y a lieu, un prélèvement d'empreintes digitales, de matériel biologique ou d'odeur sera opéré.

Des perquisitions et des fouilles seront effectuées en tous lieux utiles (domicile, dépendances, véhicule) dans le but de découvrir des éléments en relation avec la scène d'infraction : arme, munitions, vêtements, chaussures, sang ou tout autre matériel biologique appartenant à la victime...

Les opérations de police technique et scientifique trouvent un autre champ d'application quand le crime ou le délit se commet sans manifestation visible et donc sans scène d'infraction. C'est le cas des recels ou trafics, par exemple de stupéfiants, d'objets d'art, de faux documents ou fausse monnaie... Dans de tels cas, les investigations techniques auront pour but d'établir un lien (empreinte digitale, génétique ou tout autre indice) entre le suspect et les produits, objets ou documents sur lesquels porte le trafic – pains de cannabis, tableaux volés, billets de banque contrefaits, faux documents d'identité... et les emballages qui les contiennent.

Chapitre VI

L'IDENTIFICATION DES PERSONNES

Elle consiste à identifier un individu par ses particularités physiques propres, visibles ou invisibles. Bertillon s'était engagé le premier dans cette voie avec le signalement anthropométrique.

Certaines caractéristiques s'apparentent à une véritable signature corporelle qui différencie indiscutablement tout être humain de ses semblables ; c'est le cas des empreintes digitales et des empreintes génétiques.

D'autres ont démontré leur intérêt, même si elles ne bénéficient pas de la même force probante que les premières : voix, odeur, image...

L'identification humaine porte essentiellement sur les auteurs d'infractions, mais elle s'applique également aux victimes décédées à la suite de crimes ou de catastrophes.

I. – L'empreinte digitale

L'apposition de l'extrémité des doigts ou de la paume des mains sur une surface idoine laisse un dessin papillaire constitué de crêtes et de sillons qu'on dénomme « empreinte digitale » ou « empreinte palmaire ».

1. **L'identification par les empreintes digitales.** – L'empreinte digitale se forme au cours de la vie intra-utérine et va perdurer, au-delà de la mort, jusqu'à la

putréfaction. Ses propriétés lui confèrent une valeur maximale comme moyen d'identification des personnes. Le dessin digital présente en effet des caractéristiques remarquables :

- *l'immuabilité et l'inaltérabilité*. La desquamation permanente des cellules épidermiques, les accidents superficiels de la peau, n'altèrent pas le dessin ;
- *une extrême diversité*. Les dessins digitaux sont propres à chaque individu, y compris pour les vrais jumeaux, ce qui confère, de ce point de vue, une supériorité des empreintes digitales sur les empreintes génétiques.

L'identification par les empreintes digitales recouvre deux domaines d'application. Le premier est le signalement dactyloscopique, c'est-à-dire la caractérisation d'un individu à partir des empreintes digitales de ses dix doigts. Les intérêts en sont multiples : révélation des fausses identités, caractérisation de la récidive, identification des cadavres. Le second recouvre l'identification, *stricto sensu,* d'auteurs d'infractions en établissant qu'une trace digitale découverte sur les lieux d'un crime ou d'un délit correspond à un individu.

Pendant longtemps, seules les empreintes digitales ont fait l'objet d'un stockage dans le fichier automatisé des empreintes digitales. Le décret du 27 mai 2005 a autorisé l'enregistrement des empreintes palmaires qu'on retrouve fréquemment, aussi surprenant que cela puisse paraître, sur la scène d'infraction. En se fiant aux statistiques des pays qui ont procédé à une telle extension, l'augmentation du taux d'élucidation des crimes et délits devrait être de l'ordre de 20 à 30 %. Le fichier gagnera en efficacité.

L'identification dactyloscopique est obtenue par la recherche de points de comparaison concordants – arrêts de ligne, bifurcation, îlots. Leur nombre a fait l'objet de débats. En 1911, le Pr Balthazar assure que celui-ci ne doit pas être inférieur à 17. Quelques années après, Locard retient le chiffre de 12. C'est ce standard numérique qui est adopté en France, sauf à la préfecture de police qui applique depuis toujours la norme des 17 points. La plupart des pays occidentaux (Allemagne, États-Unis, Canada, Suisse, Belgique, Irlande...) travaillent sur 12 points de concordance. En fait, ces normes s'équivalent dans la mesure où la méthode de comptabilisation est différente.

2. **Le fichier automatisé des empreintes digitales (FAED).**

A) *La mise en place.* – Pendant de nombreuses années, les fichiers dactyloscopiques ont été organisés manuellement et sur le plan local. Ces fonds documentaires, multiples et disséminés, étaient longs à mettre en œuvre et inopérants s'agissant des traces. Leur inefficacité s'était accrue avec la mobilité de plus en plus grande des malfaiteurs et l'ouverture des frontières.

Aussi, dans les années 1980, naît l'idée de mettre en place une base de données unique, centralisée et automatisée, permettant l'identification des personnes et des traces papillaires relevées sur les scènes d'infraction.

Un décret du 8 avril 1987, modifié le 27 mai 2005, autorise un tel traitement « en vue de faciliter la recherche et l'identification, par les services de la police nationale et de la gendarmerie nationale, des auteurs de crimes et de délits ». Il prend le nom de « fichier automatisé des empreintes digitales » et sera pleinement opérationnel cinq ans plus tard. Sa mise en œuvre est confiée à la Direction centrale de la police judiciaire qui la délègue au Service central d'identité judiciaire.

B) *Les données enregistrées.* – Elles sont, pour l'heure, de deux catégories :

- *les empreintes digitales.* Ce sont principalement celles relevées, lors d'enquêtes diligentées par les services de police ou de gendarmerie, sur les mis-en-cause définis par la loi comme « les personnes contre lesquelles il existe des indices graves ou concordants rendant vraisemblable qu'elles aient pu participer comme auteur ou complice à la commission d'un crime ou d'un délit ». Le FAED est également destinataire des signalisations de détenus effectuées par les services de police dans les établissements pénitentiaires « en vue de s'assurer de manière certaine de l'identité des détenus... et d'établir les cas de récidive » ;
- *les traces* relevées dans le cadre d'une enquête judiciaire pour crime, délit, ou recherche des causes d'une disparition inquiétante ou suspecte.

L'enregistrement des empreintes palmaires et des clichés photographiques des individus signalisés, autorisé par le décret du 27 mai 2005, n'est pas encore possible pour des raisons logicielles. Dans un proche avenir, le fichier devrait pouvoir également intégrer les traces ainsi que les empreintes digitales et palmaires transmises par les organismes de coopération internationale en matière de police judiciaire et les services de police étrangers.

La durée de conservation des informations issues des fiches décadactylaires est fixée à vingt-cinq ans, celle des traces est calquée sur les délais de la prescription (trois ans pour les délits, dix ans pour les crimes).

L'effacement des empreintes peut être sollicité par la personne concernée auprès du procureur de la République. Les décisions de refus sont susceptibles de faire l'objet d'un recours.

C) *L'alimentation et la consultation.* – Commun aux deux institutions, le FAED est alimenté par l'ensemble des services de police et de gendarmerie. Les fiches supportant les empreintes digitales des dix doigts, dites fiches décadactylaires, sont établies généralement pendant la période de garde à vue et font partie des opérations de signalisation qui comportent également des vues photographiques (face, profil droit, et trois quarts gauche).

Jusqu'à ces dernières années, les traces et les fiches dactyloscopiques étaient acheminées par voie postale jusqu'à des centres de saisie de la base nationale : Écully, sites régionaux du FAED dans les SRPJ et préfecture de police pour la police nationale, Rosny-sous-Bois pour la gendarmerie nationale. L'enregistrement au FAED (et, par voie de conséquence, les rapprochements) souffrait d'un retard de plusieurs semaines par rapport à l'événement générateur, même si, pour le traitement des traces, l'ouverture de sites régionaux du fichier avait permis un important gain de temps. L'exploitation opérationnelle par les services d'enquête en était affectée, voire franchement compromise dans certains cas.

Afin de parvenir à un traitement en temps réel des fiches décadactylaires autorisant une réponse pendant les délais de la garde à vue, le Service central d'identité judiciaire a imaginé et rédigé le cahier des charges de « bornes de signalisation » permettant aux services locaux d'alimenter et de consulter directement, par voie télématique, la base de données. Désormais la détection d'éventuelles identités multiples ou l'identification de traces est possible alors même que la personne concernée se trouve entre les mains de la police.

Un plan pluriannuel d'installation des terminaux de signalisation était initialement prévu sur quatre ans (de 2006 à 2009). Finalement, devant les progrès considérables qu'ils apportaient et nonobstant les coûts très importants de ces matériels, le déploiement a été accéléré et s'est achevé le 31 octobre 2007. À cette date, 303 terminaux de signalisation sont opérationnels sur l'ensemble du territoire au bénéfice de l'ensemble des services de police. La gendarmerie nationale envisage de doter prochainement certaines de ses unités de tels matériels.

L'accès aux données enregistrées dans le système et les opérations d'identification sont réservés aux fonctionnaires habilités des services d'identité judiciaire de la police ou de la gendarmerie. Toutes leurs opérations sont « tracées ».

D) *Le fonctionnement.* – Le FAED livre ses résultats en quelques minutes, tout au plus en quelques heures. Les données insérées sont comparées avec la totalité de celles qui figurent dans la base. Pour les traces, la machine propose, quand il y a lieu, des candidats affectés d'un score présenté par ordre décroissant suivant les points de concordance trouvés. L'opérateur, dénommé aussi « traceur », intervient alors pour procéder à toutes comparaisons utiles. C'est à lui seul qu'il revient d'affirmer l'identité absolue entre deux doigts. Les concepteurs du système ont en effet souhaité donner le dernier mot à l'homme, ce qui est également vrai pour le fichier national automatisé des empreintes génétiques.

Dans l'hypothèse de recherches négatives, les traces sont enregistrées dans une base dite des traces non résolues (base TNR). Ainsi mémorisées, elles sont systématiquement comparées à toute nouvelle insertion. Cette fonctionnalité, qui prend en compte une signalisation *a posteriori* de l'auteur, répond au problème des délinquants primaires ou inconnus de la base du FAED au moment de la première exploitation de la trace. Plusieurs centaines d'empreintes en suspens sont ainsi identifiées chaque année, certaines correspondant à des crimes ou délits très anciens.

Le FAED a une finalité exclusivement judiciaire. Il est placé sous le contrôle du procureur général près la cour d'appel de Lyon. Les citoyens disposent d'un droit d'accès direct.

En 2007, il a permis de détecter 74 000 identités multiples et d'identifier plus de 15 000 traces dont près de 2 500 figuraient en base TNR. Au 31 octobre 2008, 3 036 000 individus étaient enregistrés dans sa mémoire.

II. – **L'empreinte génétique**

Apparue récemment dans la panoplie des preuves judiciaires, elle a rapidement acquis une place privilégiée qui ne cesse de s'affirmer au fil des ans et de son appropriation par policiers, gendarmes et magistrats, séduits par son étonnante capacité d'aide à l'enquête.

1. **L'identification par empreintes génétiques.** – L'ADN (acide désoxyribonucléique) est présent et identique dans toutes les cellules du corps humain à l'exception des globules rouges. Il en existe deux variétés :

– l'*ADN nucléaire,* présent dans le noyau et qui, hérité pour moitié du père et pour moitié de la mère, est propre à chaque individu, sauf pour les vrais jumeaux ;

– l'*ADN mitochondrial,* qui se trouve dans les mitochondries, organites du cytoplasme des cellules. Transmis uniquement par la mère, il est identique pour une même lignée maternelle.

Les analyses génétiques réalisées par les laboratoires portent essentiellement sur l'ADN nucléaire dont le pouvoir discriminant est exceptionnel. Les développements qui suivent concerneront uniquement cet ADN.

C'est en 1985 que le Britannique Alec Jeffreys a mis au point une technique d'analyse de l'ADN permettant d'établir un profil génétique propre à chaque individu à partir de n'importe quelle trace biologique.

Elle a été utilisée pour la première fois dans une enquête judiciaire l'année suivante et a permis de résoudre l'affaire des « meurtres de Narborough » en Angleterre. Deux jeunes filles avaient été violées et assassinées. L'analyse ADN a permis d'innocenter un individu qui s'accusait des meurtres et de confondre le véritable auteur.

La méthode mise au point par Jeffreys, basée sur la technique dite RFLP (Restriction Fragment Lengt Polymorphism), exigeait une quantité relativement importante d'ADN de bonne qualité. Les contingences de l'enquête judiciaire nécessitant parfois de travailler sur des quantités infimes de matériel biologique, ou sur des échantillons dégradés, cette technique va être supplantée par une autre imaginée par un Américain, Kary Mullis. Dénommée PCR (Polymerase Chain Reaction), elle permet de reproduire, à partir d'un très faible extrait d'ADN (moins d'un nanogramme), plusieurs millions de copie d'une portion connue d'ADN.

L'analyse est réalisée au niveau de régions non codantes de l'ADN (c'est-à-dire qui ne contiennent pas d'informations en l'état actuel de nos connaissances). Appelées STR (Short Tandem Repeat), ces zones composées de séquences hautement spécifiques suivant les individus sont situées sur des chromosomes différents et leur analyse conjointe aboutit à des séquences spécifiques suivant les individus. Actuellement les kits de réactifs permettent, outre la détermination du sexe, l'analyse de 15 zones STR dénommées « loci ».

Pour favoriser les échanges internationaux, l'utilisation de 7 de ces zones est recommandée tant par l'Union européenne que par Interpol.

L'étude des zones STR aboutit à l'obtention d'un profil génétique qui se présente comme une formule composée d'une suite de chiffres.

En France, l'empreinte génétique commence à être utilisée dans les enquêtes judiciaires au début des années 1990. Lorsque cette technique donne ses premiers résultats, les pouvoirs publics interviennent pour l'encadrer.

La loi du 24 juillet 1994 relative au respect du corps humain n'autorise l'identification des personnes par leurs empreintes génétiques que dans le cadre d'une enquête judiciaire ou à des fins médicales ou de recherche scientifique.

Rapidement, certains observateurs ont estimé indispensable de créer une base de données nationale informatisée centralisant les empreintes génétiques issues d'une part des traces biologiques découvertes sur les scènes d'infraction et d'autre part des prélèvements effectués sur certaines catégories de malfaiteurs. Ils s'appuient alors sur une recommandation du Conseil de l'Union européenne du 9 juin 1997 qui encourage les États membres à créer des bases de données nationales et à mettre en place un système d'échange d'informations. Ils tirent également argument d'affaires criminelles défrayant la chronique qui démontrent qu'un tel fichier aurait permis de sauver des vies humaines.

2. **Le fichier national automatisé des empreintes génétiques (FNAEG).** – La loi du 17 juin 1998 crée le fichier national automatisé des empreintes génétiques en vue de faciliter l'identification et la recherche des auteurs d'infractions sexuelles.

Cet objectif initial apparaît rapidement trop limité. La loi du 15 novembre 2001 étend son champ d'application à certains crimes. Celle du 18 mars 2003 élargit considérablement le périmètre du fichier et le transforme en un instrument de lutte contre toutes les formes de criminalité et notamment celles relevant de la petite et moyenne délinquance.

A) *Les données enregistrées.*

Quant aux infractions, le FNAEG centralise les empreintes génétiques, issues de traces biologiques et d'individus, établies à l'occasion d'enquêtes relatives à la quasi-totalité des infractions qualifiées de crimes ou délits, qu'elles concernent les faits les plus graves (homicides, viols, actes de barbarie, terrorisme, trafic de stupéfiants, proxénétisme, fausse monnaie...) ou les actes de délinquance (vols simples, violences volontaires, dégradations ou détériorations du bien d'autrui...).

Quant aux individus, le fichier enregistre non seulement les condamnés mais aussi les « mis-en-cause » définis selon des critères comparables à ceux utilisés pour le FAED.

D'autres fonctionnalités sont attendues prochainement comme l'insertion des empreintes génétiques recueillies dans le cadre des enquêtes relatives à des disparitions inquiétantes ou à la recherche des causes d'une mort suspecte. Le FNAEG devrait également enregistrer des profils génétiques transmis par des organismes de coopération internationale en matière de police judiciaire ou des services de police étrangers.

B) *La comparaison sans enregistrement dans le fichier.* – À côté de l'inscription dans le fichier existe une autre procédure. L'officier de police judiciaire peut demander que soit effectué un rapprochement de « l'empreinte de toute personne à l'encontre de laquelle il existe une ou plusieurs raisons plausibles de soupçonner qu'elle a commis un crime ou un délit, avec les données incluses dans le fichier, sans toutefois que cette empreinte puisse y être conservée ». Cette définition recoupant quasiment celle des personnes qui peuvent être mises en garde à vue, il en découle que le profil génétique de tout individu gardé à vue, quelle que soit l'infraction qu'il ait commise, peut être comparé au contenu de la base. Il ne s'agit là que d'une simple faculté qui est, actuellement, loin d'être systématiquement utilisée.

C) *La collecte du matériel biologique.* – Il faut distinguer les traces des prélèvements réalisés sur les individus.

– *Les traces* sont prélevées sur la scène d'infraction au cours des constatations ou lors des perquisitions chez le suspect. Celles qui sont directement exploitables ne représentent qu'une partie des échantillons biologiques analysés en laboratoire.

Les enquêteurs saisissent régulièrement des objets divers – vêtements, sous-vêtements, draps, couvertures... – qu'ils adressent aux laboratoires avec mission de rechercher toute trace biologique. C'est ainsi que ceux-ci consacrent une large part de leur activité à la mise en évidence de tels indices.

– *Les individus* font l'objet d'un prélèvement buccal déposé sur un support appelé papier FTA *(Fast Technology for Analysis)* dont sont dotés les services de police et de gendarmerie. Le détergent présent sur le papier permet de faire éclater les cellules et leur noyau, provoquant la libération de l'ADN qui va se fixer sur les fibres de cellulose. Les prélèvements peuvent être transportés ou stockés à température ambiante. L'opération de prélèvement se déroule en principe pendant la garde à vue. Elle peut avoir lieu dans l'établissement pénitentiaire où la personne est détenue. Le refus de s'y soumettre est puni d'emprisonnement.

D) *L'analyse en laboratoire.* – Elle s'effectue dans les laboratoires de police scientifique, l'IRCGN et des laboratoires privés.

Dans le souci de privilégier l'aide aux enquêtes, alors même qu'ils sont confrontés à une très forte demande d'analyses de toute nature pouvant générer des retards, les laboratoires publics différencient les traces relevées sur les scènes d'infraction, dont le traitement est prioritaire, et les prélèvements opérés sur les individus aux seules fins d'alimenter mécaniquement le FNAEG. Cette politique se traduit par un schéma organisationnel fondé sur la répartition des tâches entre deux catégories de services.

Les traces et les « individus associés », c'est-à-dire ceux qui doivent leur être comparés, sont traités au plus près du terrain par les sections biologie des cinq laboratoires de police scientifique, toutes équipées de deux chaînes de traitement séparées, l'une dédiée aux traces et l'autre aux individus, ce afin d'éviter toute pollution.

Concrètement, cela signifie que dans le délai de la garde à vue un suspect peut être prélevé et son profil génétique comparé à un échantillon provenant de la scène d'infraction. Suivant le résultat, soit il sera immédiatement mis hors de cause, soit il devra s'expliquer.

Les « analyses-individus » destinées à l'alimentation du FNAEG sont réalisées dans des *unités automatisées à grand débit*. La première, dénommée Unité automatisée de génotypage, a été créée au sein du laboratoire de police scientifique de Lyon à Écully. D'une capacité de 125 000 profils génétiques par an, pouvant être portée à 250 000, elle est entrée en fonctionnement fin 2006 et tourne à plein régime. La gendarmerie s'est dotée d'une unité analogue à Cergy-Pontoise (Val-d'Oise) : le Service central d'analyses génétiques. Elle dispose d'un potentiel analytique de 120 000 analyses annuelles.

Les analyses génétiques sont réalisées par des personnels spécialement agréés par une commission instituée auprès du ministre de la Justice et présidée par un magistrat de la Cour de cassation. La délivrance de l'agrément est subordonnée à la désignation par la personne candidate du laboratoire dans lequel elle entend exercer. Celui-ci doit satisfaire à un certain nombre d'exigences touchant aux infrastructures et aux équipements.

Une fois établis, les profils génétiques sont adressés au FNAEG, soit pour enregistrement, soit pour simple comparaison.

Les traces ou résidus de trace sont transmis au *Service central de préservation des prélèvements biologiques (SCPPB)* de la gendarmerie. Implanté à Cergy-Pontoise (Val-d'Oise), il a pour mission de conserver, pour une durée maximale de quarante ans, les scellés de traces biologiques qui lui sont transmis, après exploitation, par les laboratoires. Le stockage est réalisé à température ambiante ou par congélation dans des enceintes de cryoconservation à – 80 °C. Au 1er janvier 2008, il conservait 13 000 scellés.

E) *Le fonctionnement.* – La gestion du FNAEG est assurée à Écully par le Service central d'identité judiciaire.

Seuls ses personnels et ceux de la gendarmerie, spécialement affectés dans le service mettant en œuvre le traitement et dûment habilités, peuvent alimenter le fichier, avoir accès aux informations enregistrées et procéder aux rapprochements. Ces opérations sont « tracées » informatiquement.

Les profils génétiques des condamnés sont conservés dans le fichier pendant quarante ans ; ceux des mis-en-cause, pendant vingt-cinq ans. Le procureur de la République peut ordonner leur effacement. Ces durées de conservation confèrent une grande efficacité au fichier en autorisant des rapprochements avec des affaires très anciennes, comme des exemples récents l'ont démontré.

Les citoyens bénéficient d'un droit d'accès direct. Le FNAEG est placé sous le contrôle d'un magistrat du parquet hors hiérarchie, assisté d'un comité de trois membres (magistrat, généticien, informaticien).

Au 31 octobre 2008, 824 000 individus et 39 600 traces étaient enregistrés dans la base. Près de 95 000 comparaisons sans conservation des données avaient été effectuées.

Depuis sa création, ce sont 18 000 affaires et 42 000 profils qui ont fait l'objet d'un rapprochement, dont quasiment la moitié pour la seule année 2007.

En quantité de données stockées, le fichier français se situe au niveau de son homologue allemand, mais loin derrière celui du Royaume-Uni qui contenait, en 2007, près de 3 800 000 profils.

III. – **L'odeur**

L'idée d'utiliser l'odeur dégagée par chaque être humain pour identifier les auteurs d'infractions est née au siècle dernier dans les pays d'Europe centrale, notamment en Hongrie, où cette technique est aujourd'hui pratiquée couramment avec succès. Elle fait intervenir des chiens spécialement dressés à la reconnaissance d'odeurs. La méthode a été importée par la sous-direction de la police technique et scientifique en 2001. Elle est mise en œuvre par le Service central d'identité judiciaire.

La première étape réside dans le prélèvement d'odeurs ou traces odorantes sur la scène d'infraction. Le technicien spécialement formé et équipé (combinaison, gants, masque) appose une bande de tissu sur l'objet qui a été en contact avec l'auteur afin de capter les molécules olfactives que celui-ci a laissées. Il recouvre le tout d'une feuille d'aluminium. Au bout d'une heure, le tissu est enlevé et introduit dans un bocal stérile qui est scellé.

Le prélèvement d'odeur sur le suspect est obtenu en lui faisant malaxer un tissu pendant dix minutes avant de lui demander de le mettre dans un bocal.

La troisième phase est constituée par la parade d'identification qui se déroule dans une pièce spécialement aménagée pour le travail des chiens. Elle obéit à un protocole très rigoureux et est filmée. Cinq bocaux contenant des odeurs différentes, dont celui renfermant l'odeur du suspect, sont disposés sur une ligne droite peinte sur le sol. Le chien commence par sentir l'odeur relevée sur la scène d'infraction puis est détaché. Il introduit sa truffe dans les bocaux et se couche devant celui contenant l'odeur identifiée. Pour que le résultat soit validé, le protocole mis en place exige que cette opération soit répétée deux fois encore, selon des modalités différentes, et qu'intervienne un second chien.

IV. – La voix

Il s'agit souvent du seul indice dont disposent les enquêteurs dans des affaires d'une exceptionnelle gravité (revendication d'attentat, demande de rançon, menaces de mort...).

Si la voix apporte des informations précieuses pour identifier une personne, on ne peut l'assimiler pour autant à une empreinte digitale ou génétique dans l'état actuel des connaissances. L'empreinte vocale n'existe pas pour l'heure. Les spécialistes préfèrent parler de signature vocale. Il est néanmoins possible de se livrer, dans certaines conditions, à une comparaison de voix et de conclure à un rapprochement qui peut être probant ou à une exclusion entre la voix d'un suspect et un enregistrement sonore.

V. – L'image

La reconnaissance d'une personne non identifiée par présentation d'images fait intervenir deux outils.

1. **Le portrait-robot.** – C'est la réalisation du portrait synthétique d'un individu à partir des déclarations d'un ou plusieurs témoins.

La méthode traditionnelle consistait à reproduire les traits de la personne à identifier en superposant, après les avoir sélectionnés pour leur ressemblance, des clichés photographiques de différentes parties du visage (cheveux, yeux, nez, bas du visage...). Les services ont désormais recours à des logiciels spécifiques. Les possibilités offertes par l'outil informatique sont quasi illimitées et permettent de tenir compte des observations les plus fines.

La prise en compte du portrait-robot comme élément d'enquête probant est toujours très délicate en raison de la fragilité du témoignage et du risque de fourvoiement des recherches qui en découle. Sa publication dans la presse, à laquelle on assiste parfois, ne doit intervenir qu'en dernier ressort.

2. **Le fichier Canonge.** – Il doit son nom à son concepteur, le policier marseillais René Canonge. Cette application, manuelle au départ, et progressivement informatisée dans les années 1990, permet d'identifier les auteurs d'infractions à partir de leurs seules caractéristiques physiques décrites par les victimes ou témoins. À l'instar du système de traitement des infractions constatées (STIC) auquel il se rattache, cette base de données répertorie les personnes mises en cause dans des enquêtes judiciaires. Les modes

opératoires ainsi que les signalements précis et les photographies de ces individus sont enregistrés dans le fichier.

Le principe de fonctionnement est très simple. La victime ou le témoin d'une infraction décrit physiquement l'auteur des faits et le mode opératoire utilisé. À partir de ces informations, l'opérateur questionne l'application qui sélectionne, aux fins de présentation, des photos d'individus correspondant aux indications fournies.

En 2007, le fichier Canonge équipait plus de 1 100 services de police. Cette même année, il a permis d'effectuer 30 000 rapprochements.

VI. – L'identification des morts

Elle met en œuvre des moyens qui viennent d'être exposés et en ajoute d'autres propres à ce domaine particulier. L'identification des victimes de catastrophe pose des problèmes spécifiques.

1. **Les techniques.** – On retrouve en premier lieu les identifications par *empreintes digitales* et par *empreintes génétiques,* mais elles se heurtent à des limites tenant à l'état de conservation du corps examiné et plus généralement au temps écoulé entre la date de la mort et la découverte du cadavre.

Les empreintes digitales peuvent être utilisées jusqu'à la putréfaction. Les empreintes génétiques bien au-delà, mais avec un risque élevé de dégradation de l'ADN qui rend les analyses difficiles et le résultat aléatoire.

Lorsque l'ADN nucléaire est en quantité insuffisante ou qu'il est trop dégradé, il est impossible d'obtenir un profil génétique. L'utilisation d'ADN mitochondrial, plus résistant mais moins discriminant, est alors envisageable. Il présente l'avantage d'exclure de façon sûre.

L'odontologie recèle d'intéressantes possibilités d'identification en raison de l'extraordinaire résistance des dents aux agents extérieurs et de leurs particularités liées notamment aux interventions médicales (prothèses, plombages...) dont elles font l'objet. La démarche de l'enquêteur et de l'odontologue consiste à retrouver, le plus souvent chez le dentiste traitant, un odontogramme établi *ante mortem,* pour le comparer à celui réalisé à partir de la dentition du cadavre.

L'anthropologie est l'étude du squelette. Elle permet non seulement de déterminer la race et le groupe ethnique, la taille, le sexe, l'âge, mais aussi de mettre en évidence les particularités des os : malformations du squelette, fractures, prothèses.

La reconstitution et la restauration faciales. Elles ne constituent pas une méthode d'identification mais une aide à l'enquête dans la mesure où elles favorisent une éventuelle reconnaissance suite à diffusion par voie d'affiches, de circulaires, de parutions dans la presse ou de présentations à des témoins ciblés.

2. **L'identification des victimes de catastrophes.** – Elle nécessite l'intervention d'unités spécialisées qui mettent en place une organisation originale.

A) *Les unités spécialisées.* – Il s'agit de l'*Unité police d'identification des victimes de catastrophe (UPIVC)* et de l'*Unité gendarmerie d'identification des victimes de catastrophe (UGIVC),* aptes à se transporter à tout moment, avec l'équipement adapté, sur les lieux d'un accident ou d'un cataclysme dès lors que se pose un problème d'identification des victimes.

En cas de catastrophe majeure nécessitant l'engagement de moyens très importants, ou lorsque les faits se déroulent à l'étranger, ces deux entités se fondent dans une *Unité nationale d'identification des victimes de catastrophe (UNIVC)* dirigée par le responsable police ou gendarmerie saisi initialement. Ce fut le cas en 1999 après l'incendie du tunnel du Mont-Blanc, en 2000 avec l'accident de l'avion supersonique Concorde, en 2004 lors du tsunami survenu en Thaïlande.

L'intervention de ces unités s'opère suivant un schéma d'organisation éprouvé qui gravite autour de deux cellules étroitement complémentaires.

B) *La cellule* ante mortem. – Composée de fonctionnaires spécialement formés au recueil d'informations techniques particulières, elle est chargée du contact avec les familles des disparus et de la collecte auprès d'elles ou de toute autre personne (médecin, dentiste...) des éléments de nature à permettre l'identification des corps.

Rapidement réunie, sa première préoccupation est de prendre contact avec la cellule de crise afin de recueillir les premières indications fournies par les familles. Les informations collectées sont traitées informatiquement afin d'optimiser l'exploitation des données recueillies.

C) *La cellule* post mortem. – Disposant de matériels adaptés à sa mission, elle se transporte sur les lieux de la catastrophe où elle procède, suivant une méthodologie stricte, à toutes les opérations techniques nécessitées par l'identification de masse – quadrillage des lieux, numérotation des corps et des objets, recueil des effets personnels, relevage des corps. Les cadavres ou leurs débris font l'objet d'un examen extrêmement minutieux, mené de concert avec les médecins légistes, et destiné à récolter tous éléments d'identification : prise des empreintes digitales, prélèvement biologique, établissement d'odontogramme, relevé des marques particulières... Des ateliers sont constitués dans ce but.

L'identification des corps résulte de la comparaison, le plus souvent par traitements informatiques, des éléments recueillis par chaque cellule. Elle aboutit à la signature du certificat de décès par le médecin légiste.

Chapitre VII

L'EXPLOITATION DES INDICES

La diversité d'indices découverts sur les lieux d'infraction ou chez le suspect est extrême. Tous, dans leur singularité, apportent leur contribution à la résolution de l'énigme posée à l'enquêteur.

Les indices ne mentent pas, a-t-on pu dire. Certes, mais chacun d'entre eux n'est porteur que d'une parcelle de vérité, généralement insuffisante à elle seule. Dans une enquête, il n'est que l'élément d'un puzzle.

Si chaque indice contribue à la manifestation de la vérité, qu'est-ce que le policier, le gendarme ou le magistrat peut attendre raisonnablement de son exploitation en laboratoire compte tenu de l'état actuel des techniques et des sciences ? Tel est l'objet du présent chapitre qui va inventorier, en laissant à la criminalistique le soin de rentrer dans les détails, les travaux habituellement pratiqués dans les laboratoires.

I. – La balistique

C'est l'étude des armes à feu et de leurs munitions.

1. **L'examen de l'arme.** – Il a pour but de déterminer le type, la marque, le modèle, le calibre et le numéro de l'arme. Quand ce dernier est effacé par meu-

lage, il est possible de le faire réapparaître à l'aide de procédés chimiques. Ces informations sont utiles pour tenter de reconstituer l'histoire de l'arme, savoir quand elle a été fabriquée, qui en est le propriétaire et si elle a été volée.

Définir à quelle catégorie légale appartient l'arme est également très important, puisque c'est d'elle que dépend le régime juridique de détention et de transport.

Les éventuelles modifications mécaniques sont mises en évidence. La plus habituelle consiste à transformer une arme à grenaille en arme de quatrième catégorie, apte à tuer ou blesser gravement, par fraisage du canon.

Le balisticien va décrire l'état de fonctionnement de l'arme, en mesurant, par exemple, la pression nécessaire pour actionner la détente (mesure du poids de détente). Le résultat est un élément d'appréciation important pour la détermination du caractère intentionnel ou accidentel du tir.

Si l'arme est ancienne, si elle a été modifiée ou utilisée de manière anormale, sa dangerosité est appréciée en calculant la puissance de pénétration et la vitesse du projectile.

2. **L'examen des éléments de munition.** – On rentre dans le domaine des examens comparatifs qui sont d'un grand intérêt pour l'enquête.

Les munitions utilisées dans les armes à feu sont constituées d'une douille supportant une amorce, d'une charge de poudre, d'un ou plusieurs projectiles (balle ou grains de plomb).

Au cours du tir, balles et douilles, constituées d'un métal tendre (laiton, plomb, cuivre), vont se trouver en contact violent avec divers organes en acier de l'arme qui vont y imprimer leurs marques. Sur les douilles, ce pourra être, en fonction du type d'arme (pistolet ou revolver), celles de la cuvette de tir, du percuteur, de l'extracteur et de l'éjecteur. De son côté, l'intérieur du canon, avec ses rayures en hélice et ses irrégularités, laissera son empreinte sur la balle au moment de son passage. Ces divers stigmates, et notamment ceux dus à l'usure ou à des dommages divers, sont propres à chaque arme ou catégorie d'armes, et constituent, en quelque sorte, sa signature.

L'*examen d'un élément de munition isolé* permet, à partir de ses caractéristiques, de dresser, après consultation d'une documentation *ad hoc,* une liste de modèles d'armes susceptibles de l'avoir tiré. La disposition d'une *collection d'armes* de référence, comportant des centaines, voire des milliers de pièces différentes, est de ce point de vue indispensable. C'est le cas pour les cinq laboratoires de police, le Service central d'identité judiciaire et l'Institut de recherche criminelle de la gendarmerie nationale. Tous s'approvisionnent auprès des greffes des tribunaux selon un protocole très précis.

Une autre possibilité offerte est la *comparaison de deux éléments de munition entre eux,* qu'ils proviennent ou non de la même scène d'infraction, afin de déterminer s'ils ont été tirés par la même arme.

Plus intéressante encore est l'hypothèse où une arme, susceptible d'avoir tiré l'élément de munition considéré, est découverte. On parle alors d'identification de l'arme.

3. **L'identification de l'arme qui a tiré.** – Pour apporter la démonstration que l'arme découverte par

l'enquêteur lors des constatations ou chez un suspect a tiré les éléments de munition retrouvés sur la scène d'infraction ou récupérés au cours de l'autopsie, il est nécessaire de procéder à un tir de comparaison. Cette opération s'effectue dans un puits ou une caisse de tir permettant d'arrêter les balles sans laisser de marques.

Les balles et douilles ainsi obtenues sont comparées avec celles découvertes au cours de l'enquête à l'aide d'un macroscope de comparaison, système optique qui permet d'observer simultanément deux éléments de munition et de les comparer par juxtaposition. Les similitudes sont mises en évidence par macrophotographies.

L'apparition de *bases de données nationales permettant une recherche automatisée de rapprochements* entre éléments de munitions est récente. Aujourd'hui, il en existe trois ou quatre au monde dont une française.

Au milieu des années 1990, une équipe du laboratoire de police scientifique de Lyon s'est attachée à mettre au point, en utilisant des techniques d'analyse de l'image, un système de rapprochement entre les éléments de munition découverts sur les lieux d'infraction et ceux obtenus par tirs de comparaison avec des armes saisies à l'occasion d'enquêtes judiciaires. L'application a reçu le nom de *CIBLE (Comparaison et identification balistiques par localisation des empreintes)* et a fait l'objet d'un dépôt de brevet par le ministère de l'Intérieur.

Tous les laboratoires de police scientifique, le Service central d'identité judiciaire et l'Institut de recherche criminelle de la gendarmerie nationale alimentent et consultent la banque de données. Les rapprochements effectués par la base sont confirmés par le balisticien en charge du dossier après un travail personnel de comparaison sur les éléments de munition concernés.

4. **La détermination des conditions de tir.** – Elle est utile pour reconstituer le déroulement des faits et vérifier les déclarations de l'auteur.

A) *La distance de tir*. – Elle est évaluée par l'examen minutieux du point d'impact du projectile sur la cible. Le spécialiste peut en déduire que le tir a été fait à bout touchant, à bout portant ou à plus grande distance.

À bout touchant, c'est-à-dire la bouche du canon en contact avec la cible, le tissu est éclaté souvent en forme d'étoile, des brûlures des fibres peuvent être observées et la majorité des résidus de tir sera déposée sur la partie interne. Si l'impact est situé sur la peau, on observe une plaie contuse présentant un cratère assez important tapissé de particules noirâtres constituées de résidus de poudre brûlée.

À bout portant, c'est-à-dire à une distance de moins de 50 cm, un tatouage de poudre plus ou moins important suivant la distance est visible.

À plus longue distance, ne subsiste que la trace d'essuyage du projectile en bordure immédiate de l'orifice d'entrée.

Dans le cas d'un tir à courte distance avec des projectiles multiples (plombs), la charge se comporte comme un projectile unique. La dispersion des plombs s'accroît avec l'augmentation de la distance.

B) *La trajectoire et la direction de tir.* – Elles sont établies à partir des orifices d'entrée et de sortie des projectiles. Leur détermination est souvent compliquée (ricochets, position inconnue de la victime, impossibilité de déterminer la nature de l'orifice...). Pour reconstituer la trajectoire, l'utilisation d'un faisceau laser peut être envisagée.

II. – **Les documents**

Après avoir été le siège des recherches classiques (recherche d'empreintes digitales et de traces biologiques...), les documents, authentiques ou falsifiés, vont faire l'objet de travaux spécifiques, pratiqués à l'aide d'équipements et de techniques très performants, dans le but d'en extraire toutes informations de nature à faire progresser l'enquête (falsifications, machine utilisée...). L'examen d'un document comporte toujours la recherche de *traces de foulage,* impression en creux laissée sur une feuille de papier par la rédaction ou l'impression d'un texte sur une autre feuille placée au-dessus. Par nature involontaires, ces traces sont intéressantes.

1. **L'étude des matériaux.** – Ce sont le papier et l'encre. Le papier est caractérisé par sa constitution et sa composition qui permettent de caractériser une fabrication. Une des principales difficultés rencontrées par les fabricants de fausse monnaie est l'imitation du papier. L'analyse des encres permet d'en déterminer les caractéristiques.

En procédant par comparaisons, le spécialiste peut procéder à des exclusions ou à des rapprochements.

2. **Les faux.**

A) *Les types de faux*. – Il en existe deux :

- la *falsification* qui est un faux partiel ne portant que sur quelques points du document authentique (montant d'un chèque, modification de la date d'un testament...). Elle peut se réaliser par soustraction (les moyens utilisés sont le lavage, le gommage et le grattage), par addition (avec surcharges ou ajouts), ou par substitution (faux par soustraction et par addition) ;
- la *contrefaçon* est un faux total portant sur l'ensemble du document, y compris le support (faux testament, faux billet...). Dans un manuscrit, le faussaire essaie de copier aussi exactement que possible l'écriture qui lui sert de modèle, soit en imitant trait pour trait chaque mot à reproduire (imitation servile), soit, après entraînement, en écrivant le texte d'un jet (imitation libre ou à main levée).

B) *Les faux fiduciaires*. – Ils recouvrent au premier chef la fausse monnaie papier. La contrefaçon sera mise en évidence par la détection de défauts d'impression par rapport à un billet authentique. Ces défauts sont caractéristiques d'un tirage et concerneront une série de billets. L'examen des sécurités intégrées et de la nature du papier vient confirmer la contrefaçon.

C) *Les faux documents administratifs*. – Les nouvelles générations de documents administratifs sont difficilement falsifiables. Les laboratoires ont généralement accès à des bases de données françaises ou étrangères qui décrivent les éléments de sécurité de ce type de document.

2. **Les documents manuscrits.** – Il s'agit de tout document rédigé à la main. Son étude ne doit pas être confondue avec la graphologie qui se fixe pour but de découvrir la personnalité d'un individu à travers son écriture et qui n'a pas sa place en criminalistique.

La comparaison d'écriture est l'examen le plus pratiqué. Elle a pour but de vérifier, à partir de deux écrits, s'il y a identité ou différence de scripteur. Elle est utilisée en matière de falsification et de contrefaçon de documents manuscrits, mais son domaine ne se réduit pas à ces seuls cas de figure. Il s'étend à tous les écrits en lien direct avec la commission d'une infraction – revendication d'un attentat, instructions pour remettre une rançon, lettre anonyme...

L'étude doit porter impérativement sur le texte original. Les pièces de comparaison peuvent être issues de deux sources, les dictées et les écrits spontanés. En fait, l'une et l'autre sont complémentaires. L'expert met en évidence les particularités de l'écriture, les similitudes et les différences.

3. **Les documents dactylographiés.** – Leur examen s'attache à déterminer la marque et éventuellement le modèle de la machine à écrire ou de l'imprimante. L'identification individuelle d'une machine ou d'une tête d'impression est envisageable à partir de défauts caractéristiques. L'étude permet aussi d'effectuer des rapprochements avec d'autres documents, de mettre en évidence des falsifications.

4. **Les documents photocopiés.** – Il est possible d'identifier le copieur à partir de ses défauts caractéristiques ou de son marquage particulier (pour les technologies laser couleur), et d'estimer la date d'une copie par rapport à d'autres.

III. – La biologie

Les applications de biologie moléculaire qui fondent l'empreinte génétique ont été évoquées au chapitre consacré à l'identification humaine. Elles représentent l'immense majorité des analyses biologiques au point de marginaliser les autres qu'il faut toutefois rappeler.

L'étude d'une tache permettra de déterminer, à moindre coût, sa nature (sang, sperme, salive...) et, s'il s'agit de sang, d'établir son origine humaine ou animale. En présence d'un poil, il pourra être répondu à la même question et à d'autres relatives à sa provenance (individu ou région du corps).

Les végétaux ou leurs débris peuvent apporter des indications intéressantes sur un éventuel transport du corps, le lieu de commission des faits, les déplacements de l'auteur...

Lors de la découverte d'un cadavre qui a séjourné dans l'eau, la recherche de diatomées (algues microscopiques) dans les voies respiratoires ou certains organes permet d'établir, ou tout au moins de confirmer, la mort par noyade.

IV. – La toxicologie

Les analyses toxicologiques sont demandées, le plus souvent, dans le cadre de la recherche des causes de la mort.

L'étude des matrices biologiques (sang, urine, contenu gastrique, cheveux...) permet de révéler la présence de substances toxiques (alcool, médicaments, stupéfiants...) qui orienteront l'enquête vers l'hypothèse d'un empoisonnement, d'une soumission chimique ou d'un suicide.

Les mêmes substances peuvent être recherchées dans divers produits non biologiques (boissons, denrées alimentaires...).

La détermination du taux d'alcoolémie et la recherche d'usage de stupéfiants sont des travaux courants requis dans le cadre de l'application des textes sur la circulation routière.

V. – **Les stupéfiants**

Les analyses de produits stupéfiants permettent l'identification de la substance et des éventuels produits de coupage ainsi que le dosage du produit. Des recoupements d'affaires sont alors possibles.

Le laboratoire de police scientifique de Lyon a développé une banque de données nationale sur les stupéfiants (héroïne, cocaïne, amphétamine, ecstasy, cannabis) qui a pris le nom, en 1999, de STUPS pour *système de traitement uniformisé des produits stupéfiants.*

Elle est alimentée par l'ensemble des laboratoires publics qui lui transmettent les résultats d'analyse d'échantillons provenant de toutes les saisies effectuées en France.

Le but recherché est de mieux connaître les produits stupéfiants qui circulent (nature, concentration, produits de coupage...) et de détecter les filières.

VI. – **Les incendies et explosions**

Dans le cas des incendies, divers produits accélérateurs de la combustion peuvent être mis en évidence. Leur présence signe une origine criminelle.

Dans les affaires d'attentat, la nature chimique de l'explosif peut être identifiée, même si les résidus de la charge explosive sont infimes. L'étude des fragments de l'engin retrouvés sur les lieux (fils électriques, débris de réveil...) permet de reconstituer le dispositif de mise à feu et les caractéristiques de l'engin explosif. La détermination de ces points apporte une contribution primordiale à l'enquête, en autorisant des rapprochements entre attentats parfois très éloignés géographiquement l'un de l'autre.

VII. – **Les analyses physico-chimiques**

Par cette expression, on regroupe les travaux relatifs à des traces et indices divers.

1. **Les traces d'outils.** – L'outil est d'autant plus intéressant qu'il est peu répandu ou qu'il présente des caractéristiques propres, souvent des défauts, qui vont marquer la surface avec laquelle il rentre en contact, favorisant une comparaison ultérieure.

2. **Les peintures.** – Les analyses portent sur les traces de peintures laissées par un véhicule, un outil, un individu qui couvre un mur d'inscriptions. Elles aboutissent à exclure ou à rapprocher. En matière de peinture automobile, police et gendarmerie possèdent ou ont accès à des bases de données françaises ou étran-

gères qui permettent d'identifier, à partir de traces, la marque et le modèle du véhicule.

3. **Les verres.** – La variété de leur composition et la diversité de propriétés rencontrées les rendent très intéressants. Leurs caractéristiques physico-chimiques permettent, suite à comparaison, de conclure à une exclusion ou à des rapprochements.

4. **Les traces de véhicules.** – Les traces de pneumatiques sont fréquentes. Leur dessin forme une véritable signature qui permet d'identifier avec certitude le type de pneumatique. L'analyse de la gomme retrouvée sur les lieux complète le rapprochement avec un véhicule suspect. Lorsque des débris d'optique sont découverts, l'étude minutieuse de leur structure et surtout des marquages qu'ils peuvent supporter conduit, la plupart du temps, à la détermination du type et de la marque du véhicule recherché.

5. **Les textiles.** – Ce peut être des étoffes, des tissus, des cordes, ficelles ou fils. L'étude porte sur la nature des constituants et les caractéristiques de fabrication ainsi que la présence d'anomalies ou de contaminants divers. Par comparaison, elle établira une exclusion ou une communauté d'origine.

6. **La terre.** – La multiplicité de ses composants (sable, argile, végétaux...) autorise une comparaison avec un échantillon prélevé à un autre endroit. La démonstration d'un transport de corps ou le passage du suspect en un lieu donné peuvent ainsi être apportés.

7. **Les résidus de tir.** – Leur présence est mise en évidence par une analyse au microscope électronique à balayage.

8. **Autres traces.** – Tous autres types d'indices peuvent faire l'objet d'investigations scientifiques dont les résultats intéressent l'enquête (marques d'estampage sur les plaques minéralogiques, révélation de marquages sur métaux effacés par meulage...)

VIII. – Les traces technologiques

1. **Le son.** – Les travaux sur les enregistrements sonores sont de cinq ordres.

A) *Débruitage et retranscription.* – L'objectif est d'atténuer, voire d'éliminer les bruits parasites, d'amplifier les séquences *a priori* inaudibles, de corriger la vitesse d'enregistrement.

B) *Authentification.* – Elle permet d'apporter la démonstration d'un montage (par effacement, ajout...) et, dans certains cas, d'établir qu'il s'agit d'une copie ou d'un original.

C) *Identification de bruits.* – C'est l'analyse de bruits ambiants ou bruits de fond pouvant fournir de précieuses indications sur le lieu où ils sont émis.

D) *Qualification vocale.* – Elle consiste à rechercher des critères phonétiques et linguistiques caractérisant le locuteur (accent, tics de langage...).

E) *Identification vocale ou comparaison de voix* (déjà abordée *supra,* voir p. 78).

2. **L'image.** – Son traitement permet d'améliorer la qualité des images (lecture de plaques d'immatriculation, déflouage...), de détecter d'éventuels montages, de mettre en évidence des particularités (tatouages), de procéder à des mesures comparatives...

3. **L'électronique.** – Les travaux d'expertise portent sur l'étude de tout système électronique, l'extraction des données de sa mémoire et la détection de toute fraude. Sont concernés toutes les cartes à puce et cartes magnétiques, les systèmes de piratage de distributeurs automatiques de billets, les faux terminaux de paiement...

4. **L'informatique.** – Le spécialiste va récupérer tout type d'informations (fichiers cachés ou supprimés...) sur tout type de support (disques durs, CD-rom...), retrouver les traces de connexion...

5. **Les téléphones portables.** – Les données que l'expert va extraire sont les données visibles ou celles qui ont été effacées (liste des appels, répertoire téléphonique, SMS, photos, vidéos...).

IX. – L'entomologie

Il a été démontré scientifiquement que huit escouades de diptères, coléoptères, lépidoptères, etc., colonisent successivement un cadavre. L'objectif est d'identifier ceux qui sont présents lors de sa découverte pour arriver à cerner la date du décès. L'analyse des prélèvements effectués sur le corps répond à cette préoccupation.

Les insectes sont identifiés et leur stade de développement étudié en tenant compte des données climatiques observées pendant la période considérée et des informations tirées de l'enquête.

Les analyses entomologiques ont été particulièrement développées par l'IRCGN.

Chapitre VIII

LA DOCUMENTATION CRIMINELLE

Stricto sensu, l'expression « documentation criminelle » recouvre l'ensemble des informations d'origine procédurale recueillies par les services qui concourent à la mission de police judiciaire et qu'ils ont besoin d'exploiter à des fins opérationnelles et d'études statistiques.

Au sens large, elle inclut aussi les outils d'aide à l'enquête que sont le fichier des personnes recherchées, le fichier des véhicules volés et les avis de recherches.

Dans la conception française, la documentation criminelle constitue le deuxième grand volet de la police technique et scientifique, le pendant de la criminalistique.

I. – L'information issue des procédures judiciaires

Les crimes et délits constatés font l'objet d'une enquête judiciaire qui donne lieu à l'établissement d'une procédure écrite dont le contenu est riche en informations de toute nature concernant l'infraction (date, lieux, nature, circonstances, objets volés...) et celui qui l'a commise (identité, domicile, profession, mode opératoire...). Ces données ainsi conservées constituent une fraction importante de la « mémoire des services » à laquelle les enquêteurs se réfèrent en permanence tout au long de leurs investigations.

Devant une délinquance de plus en plus mobile et éclectique, la nécessité d'une centralisation puis d'une automatisation de cette information judiciaire a conduit police et gendarmerie à créer séparément, sur le plan national, leur propre base de données informatisée avant que ne s'impose, récemment, l'idée d'une mutualisation des fichiers.

1. **Le STIC (Système de traitement des infractions constatées).** – C'est le grand fichier de procédure de la police nationale, géré par le *Service central de documentation criminelle* de la sous-direction de la police technique et scientifique.

A) *La mise en place.* – Expérimenté en 1994, il concerne tous les services de police depuis 1998. Après plusieurs années d'instruction devant la CNIL, et sur avis conforme de cette autorité, un décret du 5 juillet 2001 en Conseil d'État a consacré son existence juridique. Conformément aux souhaits de la CNIL, le STIC a reçu une base légale dans la loi du 18 mars 2003 (art. 21). Le décret d'application est paru le 14 octobre 2006.

B) *Les données enregistrées.* – Le STIC recense et exploite les informations relatives aux infractions (crimes, délits, certaines contraventions de 5e classe), aux personnes, aux objets volés, dans le but de « faciliter la constatation des infractions à la loi pénale, le rassemblement des preuves de ces infractions et la recherche de leurs auteurs ». Concrètement les services établissent les procédures à l'aide d'un outil bureautique appelé logiciel de rédaction des procédures ou LRP. Les informations collectées alimentent quotidiennement la base nationale du STIC au travers du logiciel STIC-FCE (faits constatés et élucidés).

a) Les personnes. Ce sont les mis-en-cause et les victimes apparus au cours des enquêtes judiciaires, et jamais les témoins. Les premiers sont définis, à l'exemple du FAED et du FNAEG, comme étant « les personnes à l'encontre desquelles il existe des indices graves ou concordants rendant vraisemblable qu'elles aient pu participer comme auteurs ou complices » à un crime, un délit ou une contravention de cinquième classe prévue par la loi.

L'enregistrement de la victime est nécessaire pour des raisons opérationnelles, telles que la restitution d'objets volés découverts au cours des investigations ou les rapprochements d'affaires (critère de la profession...).

b) Les informations. Ce ne sont que des extraits des procédures, qui font l'objet d'un archivage séparé. Elles sont limitées aux renseignements indispensables à la recherche criminelle : nature de l'infraction commise, circonstances de lieu et de temps, modes opératoires, objets volés, informations nominatives relatives au mis-en-cause et à la victime.

Les données sensibles énumérées dans l'article 8 de la loi « Informatique et libertés » du 6 janvier 1978 ne peuvent être enregistrées dans le système que parce qu'elles constituent des caractéristiques objectives de signalement ou qu'elles sont liées à l'infraction. La durée de conservation des données nominatives varie de cinq à quarante ans selon l'âge du mis-en-cause et la gravité de l'infraction. Un effacement automatique des informations existe depuis 2004.

Les textes stipulent que le procureur de la République, qui est l'autorité de contrôle du fichier, demande l'effacement des personnes ayant fait l'objet d'une relaxe ou d'un acquittement et l'ajout d'une mention lorsque celles-ci ont bénéficié d'une décision de classement sans suite ou d'un non-lieu motivé par l'insuffisance des charges.

Au 31 décembre 2007, la base contenait 5,2 millions de mis-en-cause, plus de 34 millions de procédures et 10 millions d'objets. En 2007, elle a été consultée près de 14 millions de fois.

C) *Les destinataires des données*. – Ce sont les policiers, gendarmes, douaniers, spécialement habilités par leurs chefs de service et les autorités judiciaires. Au 1er janvier 2008, plus de 1 360 services étaient raccordés au STIC et 97 600 personnes étaient habilitées à y avoir accès à un titre ou à un autre à partir de leur poste de travail.

Depuis la loi du 18 mars 2003, le STIC peut être consulté pour l'instruction d'enquêtes administratives limitativement énumérées par un décret du 6 septembre 2005. Dans ces cas, l'accès aux données est limité à certaines informations touchant les seuls mis-en-cause.

La traçabilité des opérations est assurée par un mécanisme de mémorisation de toutes les transactions en recherche comme en alimentation.

Les citoyens bénéficient d'un droit d'accès indirect aux informations.

D) *L'aide à l'enquête*. – Le STIC permet au policier d'accéder à des informations essentielles dans des délais très rapides.

Il peut ainsi identifier formellement un suspect à partir de quelques éléments fragmentaires, obtenir connaissance des procédures dans lesquelles il a été mis en cause quels que soient l'infraction, le lieu et la date où elle a été commise.

Le STIC permet d'identifier les propriétaires d'objets volés et de les retrouver pour les leur restituer. En effet, alimenté par les informations contenues dans les dépôts de plainte, il stocke dans sa mémoire les objets volés en France qui sont identifiables par un numéro de série ou une caractéristique quelconque.

Il offre à l'enquêteur la possibilité d'effectuer des rapprochements d'affaires et d'identifier les criminels et délinquants à partir des modes opératoires.

La reconnaissance de malfaiteurs sur présentation de photographies (application STIC-Canonge, déjà évoquée p. 79) donne chaque année d'excellents résultats en termes d'identification. C'est une des applications les plus efficaces de la police.

Enfin, le STIC participe à la collecte des statistiques institutionnelles relatives aux crimes et délits constatés et élucidés (états 4001). Il autorise à ce titre toutes les études sur les grandes évolutions criminelles et le suivi de l'activité répressive des services.

Notons que les procédures papier font toujours l'objet d'un archivage au niveau régional, après avoir été numérisées grâce à l'application d'archivage électronique de documentation criminelle (AEDC).

2. **JUDEX (système judiciaire de documentation et d'exploitation).** – C'est le système d'information judiciaire de la gendarmerie nationale qui met en œuvre des moyens centraux de traitement automatisé qui recouvrent les applications JUDEX-Affaires, JUDEX-personnes mises en cause et des moyens déconcentrés au niveau de chaque département, JUDEX-groupement.

JUDEX a été développé au milieu des années 1980. L'alimentation de la base nationale est effectuée au niveau du groupement de gendarmerie, par les brigades départementales de renseignements et d'investigations judiciaires qui collectent l'information dans une base locale avant de la reverser dans la base nationale.

La loi du 18 mars 1003 lui a donné la même base légale que le STIC. Le décret d'application est intervenu le 17 novembre 2006.

Tout ce qui a été dit à propos du STIC concernant la finalité judiciaire, la nature des informations contenues, l'aide à l'enquête, les destinataires des informations, les durées de conservation, le droit d'accès indirect, s'applique à JUDEX.

La consultation s'opère soit au niveau des unités élémentaires, soit au niveau des brigades départementales de renseignements et d'investigations judiciaires, soit au niveau du service technique de recherches judiciaires et de documentation qui a en charge la gestion de JUDEX. Début 2008, JUDEX répertoriait environ 9 millions d'affaires et 2 millions de mis-en-cause. En 2007, il a fait l'objet de 12,6 millions de consultations.

3. **ARIANE (Application de rapprochements, d'identification et d'analyse pour les enquêteurs).** – En 2005, les travaux de modernisation menés jusqu'alors en parallèle par la police et la gendarmerie ont évolué vers la mutualisation des projets de refonte du STIC et de JUDEX. La création d'une base commune de recherches criminelles alimentée par les informations issues des procédures judiciaires dressées par les deux institutions a été décidée.

Cette nouvelle base de données, dénommée ARIANE, utilisera des technologies innovantes de traitement et de partage de l'information. Elle combinera l'analyse textuelle (moteur de recherche) et l'utilisation de champs prédéfinis. Des fonctionnalités nouvelles (reconnaissance faciale, reconnaissance des objets par l'image) verront le jour. ARIANE intégrera les fonctionnalités du STIC-Canonge, autorisera les recherches multicritères et la mise en œuvre d'alertes ou de plans de veille des informations. Elle simplifiera et accélérera les échanges interministériels ou internationaux.

Le périmètre de cette mutualisation laisse de côté les applications chargées de la rédaction et de l'alimentation d'ARIANE (ARDOISE pour la police nationale, ICARE et PULSAR pour la gendarmerie nationale) ainsi que les bases statistiques.

Les travaux de réalisation sont avancés. Le dossier de déclaration juridique à la CNIL est en cours de constitution. Le déploiement progressif d'ARIANE devrait s'effectuer courant 2009 et s'étendre sur six mois environ.

II. – Le fichier des personnes recherchées (FPR)

Régi par un arrêté du 15 mai 1996, modifié par l'arrêté du 2 septembre 2005, le FPR mémorise toutes les personnes qui font l'objet d'une mesure de recherche judiciaire, administrative, ou d'une mise en attention.

Police et gendarmerie alimentent ce fichier au travers de deux systèmes parallèles distincts. La mise à jour des bases de données s'effectue « au fil de l'eau » par un échange en temps réel entre les deux institutions.

Une liaison avec le système d'information Schengen permet l'alimentation des pays signataires de l'accord du même nom ainsi que l'accès aux signalements effectués par ces mêmes pays.

L'intégration de la photographie des personnes disparues est effective depuis mars 2006. L'objectif est d'étendre cette fonctionnalité, extrêmement utile, à d'autres catégories de personnes recherchées.

Le FPR peut être consulté par les policiers et gendarmes habilités, à partir de postes de travail multifonctions ou de terminaux embarqués. Les agents des douanes ont désormais la possibilité de l'interroger.

Au 31 décembre 2007, le FPR comptait 392 000 fiches de recherches. Pendant la même année, il a fait l'objet de près de 55 millions de consultations.

III. – Le fichier des véhicules volés (FVV)

Créé en 1974, il inventorie sur le plan national tous les véhicules (à quatre ou deux roues, immatriculés ou portant un numéro identifiant), bateaux, aéronefs signalés volés par leur propriétaire ou mis sous surveillance, dans un cadre judiciaire, à la demande d'un service de police ou de gendarmerie.

Le FVV est implanté dans tous les services de la police et de la gendarmerie qui l'alimentent au travers de deux systèmes parallèles distincts. La mise à jour de la base de données s'effectue par un échange en temps réel entre les deux institutions. Le FVV alimente le système d'information Schengen et réciproquement.

Le fichier est consulté, à partir d'un numéro d'immatriculation ou d'un numéro de série, depuis les mêmes postes que le FPR. Les agents des douanes y ont désormais accès.

Au 31 décembre 2007, 436 000 véhicules étaient enregistrés dans le FVV. Ce fichier avait fait l'objet de plus de 4 millions d'interrogations pendant l'année considérée.

Des travaux, initiés en 2005, sont actuellement menés pour réaliser une base de données commune police-gendarmerie venant remplacer le FVV, la base « objets » du STIC et le fichier des objets signalés (FOS) de la gendarmerie. Ce nouveau Fichier des objets et véhicules signalés (FOVeS) devrait être mis en œuvre courant 2009.

IV. – **Les avis de recherche**

Ils signalent l'existence d'une recherche concernant une personne, un véhicule ou des objets.

Les moyens classiques sont le télégramme, la circulaire, l'affiche placardée dans les lieux publics. Ce dernier procédé, censé mobiliser l'opinion publique, n'est utilisé que dans des cas exceptionnels – affaires de terrorisme, recherche de criminels en série...

En 1997, la sous-direction de la police technique et scientifique a mis au point une *diffusion télématique de recherches,* dénommée SARBACANE, qui permet, en quelques heures, de diffuser à l'ensemble des services de police et à la gendarmerie une circulaire comportant une photographie. Une remise individuelle peut, ensuite, être envisagée et modulée selon les circonstances.

Police et gendarmerie possèdent chacune un *site internet de recherches criminelles* destiné à porter à la connaissance du grand public certaines recherches judiciaires. C'est le cas des recherches de personnes disparues, d'auteurs présumés de crimes ou de délits quand les enquêteurs disposent d'une photographie ou d'un portrait-robot, de la diffusion d'objets volés (en particulier les biens culturels) ou d'objets retrouvés au cours de perquisitions, d'origine manifestement frauduleuse, mais pour lesquels l'identification du propriétaire par les voies habituelles est problématique.

Chapitre IX

LES ÉCHANGES INTERNATIONAUX

Le besoin d'échanger et de coopérer s'est fait sentir dès la première moitié du XXe siècle, tant dans le domaine opérationnel avec la création, en 1923, de l'Organisation internationale de police criminelle (OIPC-Interpol), que dans celui de la mutualisation des savoirs et des expériences criminalistiques avec l'Académie internationale de criminalistique, créée en 1929.

I. – L'essor

C'est dans les années 1990 que le mouvement s'accélère. La suppression de certaines frontières, la mondialisation de la criminalité, le développement du terrorisme international, la lutte contre l'immigration illégale conduisent les gouvernements à rechercher les mesures les plus appropriées pour assurer la sécurité de leurs ressortissants et le respect de leurs lois.

Parmi les moyens retenus figure, au premier rang, le renforcement des échanges d'informations en matière policière, notamment dans le domaine de la police technique et scientifique. L'objectif est de favoriser les recherches et l'identification des personnes en surmontant l'obstacle des frontières.

Freinés, jusque-là, par des difficultés technologiques et par des obstacles juridiques, ces échanges vont désormais connaître un grand développement grâce aux évolutions de l'informatique et aux modifications du droit positif.

L'informatique autorise des cessions automatisées de données ciblées.

L'article 24 de la loi du 18 mars 2003 autorise, sous certaines conditions, les services de police et de gendarmerie à transmettre des informations nominatives issues de traitements automatisés à des organismes de coopération internationale en matière de police judiciaire ou à des services de police étrangers, et à en recevoir d'eux.

Il s'agit là d'une avancée majeure dans la coopération policière. Le FAED et le FNAEG pourront désormais enregistrer les données de terroristes, de trafiquants de stupéfiants, de violeurs... communiquées par d'autres pays et les comparer systématiquement aux traces découvertes en France sans passer par les voies traditionnelles, totalement inadaptées à la mobilité et à la rapidité d'action des malfaiteurs internationaux.

Parallèlement au développement des applications directement opérationnelles, les experts en criminalistique s'organisent pour favoriser les échanges au-delà des frontières.

II. – Le système d'information Schengen

La convention d'application des accords de Schengen du 19 juin 1990 pose le principe de la libre circulation intérieure des personnes dans les pays signataires (actuellement : Autriche, Allemagne, Belgique, Danemark, Espagne, Estonie, Finlande, France, Grèce, Hongrie, Italie, Islande, Lettonie, Lituanie, Luxembourg, Norvège, Pays-Bas, Pologne, Portugal, République tchèque, Slovaquie, Slovénie, Suède, Suisse), tout en prévoyant une coopération policière accrue au travers, notamment, de la mise en place du « Système d'information Schengen » (SIS).

Le SIS est un système informatisé de diffusion rapide des avis de recherche entre les pays membres de Schengen. Il se compose de deux ensembles.

Un système central, implanté à Strasbourg, appelé « Système central d'information Schengen » ou CSIS. C'est le point de passage obligatoire qui reçoit, valide et retransmet à tous les « pays Schengen » les informations et les mises à jour émanant des systèmes nationaux.

Des systèmes nationaux, appelés « Systèmes nationaux d'information Schengen » ou NSIS. Celui de la France est implanté à la Division des relations internationales de la Direction centrale de la police judiciaire.

Les informations disponibles dans le SIS concernent :

- les personnes recherchées pour arrestation en vue d'extradition, celles disparues, les étrangers signalés aux fins de non-admission, les individus mis sous surveillance dans le cadre d'une enquête, certains témoins cités à comparaître ;
- les véhicules volés, détournés, mis sous surveillance dans le cadre d'une enquête ;
- les armes, billets, documents d'identité volés ou détournés.

L'alimentation et l'interrogation du système s'effectuent par l'entremise du FPR du FVV, du STIC et du Fichier des objets signalés (FOS) de la gendarmerie.

III. – Le traité de Prüm

Le 27 mai 2005, l'Allemagne, l'Autriche, la Belgique, l'Espagne, la France, le Luxembourg et les Pays-Bas ont signé le traité de Prüm qui prévoit de renforcer les échanges de données entre ces pays en vue de lutter, notamment, contre le terrorisme, la criminalité transfrontalière, l'immigration illégale. D'autres pays les ont rejoints (la Hongrie, la Finlande et la Slovénie) ou ont déclaré officiellement leur intention d'y adhérer (la Bulgarie, la Grèce, l'Italie, le Portugal, la Roumanie, la Slovaquie et la Suède).

Après que la CNIL a rendu un avis globalement positif, la France a ratifié ce texte le 1er août 2007, portant son entrée en vigueur au 1er janvier 2008.

Le traité introduit des innovations importantes relatives à la consultation du fichier national automatisé des empreintes génétiques et du fichier automatisé des empreintes digitales.

Il permet à chaque pays signataire de consulter les fichiers des autres pays. En fait, les consultations s'opèrent non pas directement dans le fichier lui-même, mais dans des « bases miroirs » qui ne contiennent que des empreintes digitales ou des profils génétiques, à l'exclusion de toutes données nominatives, de circonstances ou de lieux.

En cas de comparaison positive, le pays requérant sollicite les informations complémentaires (données nominatives et renseignements sur l'affaire concernée) par les canaux traditionnels de l'entraide pénale internationale.

Un point de contact national unique est désigné dans chaque pays. En général, c'est le service gestionnaire du fichier concerné.

La faculté de consulter les bases de données à distance amène un progrès considérable par rapport aux anciennes pratiques en favorisant une meilleure réactivité. Jusque-là, les demandes transitaient par des canaux traditionnels et les délais de réponse, quand il y en avait, demeuraient très longs. Il était souvent trop tard pour tirer profit des informations.

L'Allemagne et l'Autriche sont entrées en phase opérationnelle début 2007 avec des résultats extrêmement probants.

Par décision du 23 juin 2008, le Conseil de l'Union européenne a intégré le traité dans l'ordre juridique communautaire.

Des négociations sur un dispositif automatisé d'échanges de données ADN sont également engagées au sein du G8.

IV. – **Interpol**

Interpol, qui regroupe 187 pays membres, a pour mission de développer la coopération entre les forces de police des différents pays du monde afin de mieux prévenir et combattre la criminalité internationale. Son siège est situé à Lyon.

Parmi les activités de l'organisation figure la gestion de bases de données qui intéressent la police technique et scientifique. Leur alimentation est laissée à la discrétion des pays membres. La consultation s'opère, pour la majorité d'entre elles, par l'intermédiaire du réseau de communication sécurisé d'Interpol dénommé I-24/7.

– *Empreintes digitales.* Interpol dispose d'un système automatisé de reconnaissance des empreintes digitales qui contient près de 70 000 jeux d'empreintes.

– *Profils d'ADN*. Les pays qui cèdent des profils ADN à la base décident librement de leur communication, de leur destruction et des pays qui peuvent ou non y accéder. Créée en 2002, la base contenait au 1er janvier 2008 plus de 73 000 profils transmis par 46 pays et avait permis de réaliser 150 rapprochements depuis sa création dont l'essentiel intéressant les pays d'Europe centrale ou de l'Est.

– *Véhicules volés*. Au 1er janvier 2008, la base comptait plus de 4,2 millions de véhicules volés. Elle est régulièrement alimentée par la France, sans données nominatives, à partir de cessions effectuées par le FVV. En 2007, plus de 37 000 recherches ont abouti grâce à ce réseau.

– *Documents de voyage volés ou perdus*. Créée en 2002, la base contenait au 1er janvier 2008 plus de 14 millions de documents dont plus de 8 millions de passeports volés. Elle est alimentée par 134 pays. Plusieurs d'entre eux, dont la France depuis 2007, ont ouvert l'accès de cette base à leurs services situés dans les aéroports. En 2007, 6 200 utilisations de documents de voyage volés ont été recensées.

V. – Le réseau européen des instituts de sciences criminalistiques

Il a été créé en 1995, date du congrès fondateur de l'« European Network of Forensic Science Institutes » (ENFSI).

L'ENFSI s'est développé rapidement, passant de 25 membres en 1995 à 54 en 2008, représentant 31 pays. L'Institut national de police scientifique et l'Institut de recherche criminelle de la gendarmerie nationale en font partie.

Organisation pluridisciplinaire, l'objectif de l'ENFSI est de promouvoir et de développer la criminalistique en s'assurant que les connaissances sont largement diffusées et que les prestations fournies dans les différentes disciplines se situent au meilleur niveau mondial.

L'ENFSI a constitué 16 groupes de travail experts dans tous les domaines de la criminalistique : scène d'infraction, ADN, empreintes digitales, incendie-explosion, documents, écriture manuscrite, image numérique, analyse audio-voix, technologies de l'information, accidents de la route, peintures..., qui se réunissent régulièrement dans le but de partager les savoirs, échanger les expériences, harmoniser les pratiques.

La direction de l'ENFSI est assurée par un directoire de cinq membres, dont un président et un vice-président, tous directeurs de laboratoires de criminalistique.

Chapitre X

LES PERSPECTIVES

La police technique et scientifique s'est imposée dans l'enquête judiciaire et en a modifié profondément et de façon irréversible le cours. Elle est devenue un des acteurs majeurs sur la scène de la sécurité intérieure. Tout retour en arrière est exclu. Mais quel sera l'avenir ?

Les pistes qui se dessinent conduisent à penser que les axes de progrès sont à rechercher essentiellement dans le renforcement de l'existant, même si de nouveaux domaines doivent être explorés.

I. – Un développement attendu

L'apport considérable de la police technique et scientifique dans l'élucidation des crimes et délits ne peut que favoriser son développement. Énoncer cette vérité ne doit pas conduire à occulter des faiblesses ou des limites qu'il convient d'identifier pour mieux les surmonter. Les constats ainsi effectués pourront constituer autant de pistes de réflexion et d'action.

1. Des limites à surmonter.

A) *Les premières tiennent à l'indice.* – Son existence conditionne tout un pan de la police technique et scientifique, la criminalistique. Or toutes les infractions ne donnent pas encore lieu à un transport sur les lieux. Quand c'est le cas, un déplacement n'entraîne pas forcément la découverte d'indices. Même si les personnels sont bien formés et particulièrement motivés, les malfaiteurs s'éduquent. Ils apprennent à connaître les méthodes d'investigation policières et s'adaptent en conséquence, pour ne pas laisser de traces.

B) Comme toutes les autres preuves, *la preuve scientifique est soumise à la discussion des parties.* Elle peut être contestée si le recueil, la conservation ou les conditions d'exploitation des éléments de preuve sont sujets à caution. Sa valeur probante peut être minimisée ou même mise en doute.

C) *La preuve scientifique est d'un coût très élevé.* – Elle exige des personnels spécialement dédiés à son exercice, nombreux et bien formés, des appareils très perfectionnés qui demandent à être remplacés régulièrement car vite atteints par l'obsolescence. Les locaux doivent être adaptés aux missions à accomplir et respecter les règles d'hygiène et de sécurité. C'est ainsi que les analyses génétiques ne peuvent être réalisées que dans un environnement de nature à empêcher tout risque de pollution. L'unité automatisée de génotypage à grand débit du laboratoire de police scientifique de Lyon et celle de la gendarmerie sont installées dans des salles blanches où le taux de particules en suspension, la pression, la température et l'hygrométrie sont rigoureusement contrôlés.

2. **Un concours irremplaçable dans la recherche de la vérité.** – La criminalité a connu un fort développe-

ment au cours des dernières décennies. En 1980, 2 627 000 crimes et délits ont été constatés, ce chiffre a été porté à 3 492 000 en 1990 et a atteint 3 771 000 en 2000 (source : La Documentation française). Face à un tel phénomène, il était vital que l'institution policière s'adapte et qu'elle puisse bénéficier de moyens nouveaux qui la rendent plus performante. La police technique et scientifique, pour sa part, a relevé ce défi en élargissant le champ de la preuve et en créant des banques de données nationales (FADE, FNAEG, STIC), qui apportent quotidiennement leur contribution décisive à l'élucidation d'un nombre sans cesse croissant d'enquêtes au point de constituer un des vecteurs essentiels de l'efficacité des services.

Il ne fait pas de doute que certaines affaires criminelles survenues dans le passé auraient trouvé une issue positive si elles avaient bénéficié du concours des outils modernes de la police technique et scientifique. La reprise de dossiers vieux de plusieurs années, mais non prescrits, et leur aboutissement positif, grâce au FNAEG, en apporte la démonstration.

Quantitativement, la montée en puissance des grandes bases de données apparaît à travers quelques chiffres :

- le FAED a permis d'identifier 3 600 traces en 1997, 15 200 en 2007 ;
- en 2002, le FNAEG a seulement réalisé 19 rapprochements. Ce nombre a été porté à 1 577 en 2005. Il a atteint près de 5 000 en 2007 ;
- le fichier Canonge a permis 14 700 rapprochements en 2004 et déjà plus de 30 000 en 2007.

Pour donner la pleine signification de ces statistiques, il faut souligner qu'un rapprochement donne généralement lieu à l'identification de plusieurs auteurs et à l'élucidation de multiples affaires, tant il est vrai que les crimes et délits sont généralement commis en série et par des équipes. Ces chiffres doivent donc être affectés d'importants coefficients multiplicateurs.

Assurément, cette progression spectaculaire se poursuivra, et s'amplifiera même, sous l'effet d'une systématisation du recours à la police technique et scientifique et d'une meilleure alimentation des grandes bases de données.

II. – **Les progrès escomptés**

La police technique et scientifique a connu récemment de grandes avancées dans tous ses domaines d'intervention. Consolider et améliorer l'existant, lever les freins qui existent ici et là, semblent être les voies qui seront suivies pour les prochaines années. S'y ajouteront l'expérimentation et la mise en œuvre de quelques nouvelles applications.

1. **L'amélioration du traitement de la scène d'infraction.** – La volonté clairement affichée est de porter l'effort dans trois directions.

La *généralisation du transport sur les lieux d'infraction* avec un taux de couverture qui atteigne ou frôle 100 % pour les cambriolages et délits de voie publique (vols à la roulotte, vols de véhicules). Le *renforcement de la protection de la scène d'infraction* pour éviter pollution et déperdition d'indices. Enfin, une *professionnalisation accrue des recherches sur place*.

2. **Le renforcement de la fiabilité de la chaîne criminalistique.** – Le recueil et la conservation de l'indice, les conditions de réalisation des analyses et examens techniques et scientifiques doivent être d'autant plus irréprochables que la preuve scientifique peut constituer l'élément prépondérant sur lequel reposent les poursuites judiciaires.

Dans ce domaine, formation et assurance qualité sont les maîtres mots. L'enjeu est de maîtriser tous les paramètres pour garantir la validité de la preuve technique ou scientifique lors de sa production devant une juridiction.

L'assurance qualité concerne toute la chaîne criminalistique mais s'applique tout particulièrement aux travaux réalisés en laboratoire.

Des normes internationales ont été édictées. L'accréditation selon la norme ISO 17025 est celle qui intéresse les laboratoires. Elle peut porter sur un domaine particulier comme les analyses génétiques.

En France, elle est délivrée par le COFRAC (Comité français d'accréditation), après passage d'une équipe d'auditeurs « qualiticiens » et d'experts qui prennent en compte locaux, équipements, qualification du personnel, procédures, traçabilité des pièces à examiner ou à analyser...

Sous l'impulsion de l'ENFSI, l'accréditation va devenir rapidement une condition *sine qua non* à l'exercice d'activités criminalistiques en Europe. Nombre de laboratoires étrangers, notamment anglais, l'ont déjà obtenue.

Depuis le 1er octobre 2007, plusieurs départements de l'IRCGN ont vu certaines de leurs activités accréditées. L'INPS en a fait une priorité. La sous-direction de la police technique et scientifique s'est également engagée dans une politique de qualité.

3. **Le développement des performances des grandes bases de données.** – Deux axes se dessinent.

A) *Une meilleure alimentation des traitements automatisés* en traces et en individus, tant il est avéré que l'efficacité d'un fichier est directement liée au volume des données qu'il contient. Les résultats à la hausse enregistrés chaque année par le FAED et le FNAEG en porte illustration.

Pour les traces, l'amélioration viendra d'une meilleure couverture de la scène d'infraction.

Concernant les individus, moins de la moitié des mis-en-cause répondant aux conditions fixées par les textes pour être signalisés le sont effectivement par tous les services confondus. Ce taux doit normalement progresser.

B) *La modernisation des applications.* – Police et gendarmerie sont engagées dans un large et profond processus de modernisation qui touche l'ensemble de leurs grands systèmes d'information.

La version logicielle actuelle du FAED sera remplacée en 2009 par une autre qui dispose de fonctionnalités innovantes (prise en compte des empreintes palmaires et de la photographie, facilitation des échanges internationaux).

L'alimentation télématique du FNAEG par les laboratoires est attendue. Elle permettra une transmission rapide et sécurisée des résultats d'analyse.

La documentation criminelle a entrepris des chantiers de rénovation majeurs avec les projets en cours de réalisation ARIANE et FOVES qui vont remplacer le STIC, JUDEX et le FVV. Les travaux de modernisation du FPR vont débuter prochainement pour aboutir vers 2010 à une base de données commune à la police et à la gendarmerie, le fichier des personnes signalées (FPS).

Menés à leur terme, ces projets donneront un nouvel élan à la police technique et scientifique.

4. **Le recours aux téléprocédures.** – L'idée de recourir aux procédures électroniques et à l'utilisation d'Internet pour déposer plainte va être expérimentée dans des sites pilotes.

5. **La lecture automatisée des plaques d'immatriculation.** – Le principe posé par la loi du 18 mars 2003 consiste à utiliser des dispositifs fixes et mobiles permettant un enregistrement vidéo de la plaque d'immatriculation d'un véhicule et la consultation en temps réel du fichier des véhicules volés afin de détecter les véhicules volés ou mis sous surveillance dans le cadre d'actes de terrorisme, d'affaires criminelles ou liées à la criminalité organisée.

Des expérimentations sont en cours en vue d'un déploiement prochain.

CONCLUSION

Quasi inexistante il y a seulement une vingtaine d'années, la police technique et scientifique est aujourd'hui florissante. Il ne faut pas y voir le fruit du hasard, mais le résultat d'une évolution indispensable de l'institution policière vers plus de modernité et d'efficacité.

La police technique et scientifique a bouleversé des habitudes d'enquête vieilles de dizaines d'années en imposant une nouvelle approche par la mise à la disposition du policier et du gendarme d'outils de recherche extrêmement performants. Elle a incontestablement rendu les forces de sécurité plus performantes et l'administration de la justice plus sereine et sûre.

Conquérante, la preuve scientifique occupe maintenant le devant de la scène judiciaire au risque de faire oublier que les investigations doivent se nourrir à plusieurs sources. L'enquête ne se réduira jamais à la consultation de fichiers ou aux seules conclusions de la science comme elle ne pouvait pas se limiter aux seuls aveux. Dans de nombreux cas, la preuve scientifique est moins l'aboutissement que le point de départ de nouvelles recherches.

Si la police technique et scientifique française a atteint un niveau qui la place aux premiers rangs dans le monde, elle doit néanmoins encore progresser. D'abord en étendant son champ d'intervention à toutes les infractions. Ensuite, en recherchant une qualité accrue à tous les stades de la chaîne criminalistique, depuis la scène d'infraction jusqu'aux examens et analyses réalisés dans les structures spécialisées.

De toute évidence, l'équilibre auquel elle est parvenue reste fragile et peut être rompu à tout moment. Son avenir dépendra étroitement des moyens qu'on voudra bien lui accorder pour son développement. La preuve scientifique coûte cher et nécessite que soient dégagées les ressources budgétaires indispensables pour recruter et former les personnels, assurer le fonctionnement, aménager les locaux, acquérir les matériels de toute nature dont ont besoin les différentes spécialités. L'effort à mener ne doit pas être ponctuel ou passager, mais s'inscrire dans la durée et concerner toutes les composantes pour éviter les effets de rupture.

On ne saurait passer sous silence un autre facteur de risque. Rassemblée dans une seule structure, il n'y a pas si longtemps, la police technique et scientifique se trouve aujourd'hui de plus en plus morcelée au sein de la police. C'est le signe incontestable de son succès mais aussi sa rançon. S'il ne s'est pas encore clairement concrétisé, le danger de voir ses diverses composantes adopter des politiques différentes, voire divergentes, existe. En situation de pleine croissance, plus que jamais, l'unité est gage d'efficacité et d'économie.

Si les freins qui peuvent la brider, ici et là, sont clairement identifiés et levés, alors la police technique et scientifique pourra donner la pleine mesure de ses exceptionnelles capacités à conduire sur les traces de la vérité.

BIBLIOGRAPHIE

Aubouin Michel, Teyssier Arnaud, Tulard Jean, *Histoire et dictionnaire de la police. Du Moyen Âge à nos jours,* Robert Laffont, 2005.

Berlière Jean-Marc, *Le monde des polices en France, XIXe-XXe siècles,* Éd. Complexe, 1996.

Bertillon Suzanne, *La vie d'Alphonse Bertillon,* Gallimard, 1941.

Charpier Frédéric, *Au cœur de la PJ. Enquête sur la police scientifique,* Flammarion, 1997.

Doutremepüich Christian (sous la dir.), *Les empreintes génétiques en pratique judiciaire,* La Documentation française, 1998.

Gayet Jean, *Manuel de police scientifique,* Payot, 1961.

Locard Edmond, *Manuel de technique policière,* Payot, 1923.

Locard Edmond, *Traité de criminalistique en 7 volumes,* Lyon, Desvignes, 1931-1940.

Locard Edmond, *L'identification des récidivistes,* Maloine, 1909.

Locard Edmond, *L'enquête criminelle et les méthodes scientifiques,* Flammarion, 1920.

Le Clère Marcel, *Manuel de police technique,* Police-Revue, 1968.

Platt Richard, *Scène de crime. L'encyclopédie de la police scientifique,* Tournon, 2007.

Quinche Nicolas, *Crime, science et identité, Anthologie des textes fondateurs de la criminalistique européenne (1860-1930),* Genève, Slatkine, 2006.

Rouger Philippe, *Les empreintes génétiques,* PUF, coll. « Que sais-je ? », 2000.

Sites internet :

Police nationale : www.interieur.gouv.fr (rubrique police nationale et avis de recherche).

Institut national de police scientifique : www.inps.interieur.gouv.fr.

Gendarmerie nationale : www.defense.gouv.fr (rubrique missions/police judiciaire et recherches judiciaires).

European Network of Forensic Science Institutes (ENFSI) : www.enfsi.org.

TABLE DES MATIÈRES

Imprimé en France
par MD Impressions
73, avenue Ronsard, 41100 Vendôme
Janvier 2009 — N° 55 080